문화재 공부법

조훈철 지음

도서출판 해조음

개정판에 부쳐

2008년 2월 10일.

숭례문이 훨훨 타오르고 있는 그 순간을 13년이 지난 지금도 잊을 수 없다. 그때 난 머리에 얼음물을 끼얹은 듯 냉기가 돌았고 가슴은 숭례문과 함께 타들어 갔다. 숭례문 현판이 불길에 못 이겨 허무하게 바닥에 떨어질 때, 한국인이면 누구나 느꼈을 당혹감을 어찌 말로 표현할 수 있을까? 타오르는 연기 속에서 절규하는 우리 선조들의 음성을 느끼는 순간, 또 다른 내가 자신에게 묻고 있었다.

"나 지금 뭐 하고 있지?"

당시, 보름 정도 넋 놓고 하루하루를 보냈던 기억이 또렷하다. 밥을 먹어도 소화가 되질 않았고, 눈을 감아도 잠이 오질 않았으며, 술을 마셔도 취하지 않았다. 생애 처음으로 먹고사는 문제가 아닌 삶의 근원적인 문제로 깊은 사색에 빠져 들었다.

나는 누구인가?

나는 왜 대한민국에 태어났을까?

나는 왜 남들이 외면하는 문화재를 전공했을까?

대학원 박사과정 수료 후 학위를 목전에 두고 이런저런 이유로 도망치듯 학교를 뛰쳐나왔다. 애정을 가지고 자상하게 지도해 주시던 지도교수님 이하 여러 교수님께는 그때나 지금이나 죄송한 마음 금할 길이 없다. 대학교와 대학원 강사, 박물관 학예연구원 등의 일을 뒤로하고 학교를 떠난 후, 해결해야 할 가장 시급한 문제는 가장으로서 경제적인 문제였다. 역설적인 표현인지, 운명의 장난인지 모르겠지만 그렇게 심장을 뛰게 만들었던 문화재를 외면하고 다른 분야에 눈을 돌리니 주머니 사정은 풍족해 졌다. '자본주의 사회에선 역시 돈이 최고야. Money talks,' 라면서 내가 택한 또 다른 삶을 합리화하면서 하루하루를 보내고 있었다. 그런데, 2008년, 설날 연휴가 끝날 무렵 역사적인 숭례문 방화사건이 눈 앞에 벌어진 것이다.

대학원에서 문화재 관련 공부를 했고, 문화재 강의, 특강, 답사에 젊음을 바쳤다. 날씨가 좋으면 본능적으로 카메라를 메고 현장을 누볐으며, 박물관에 근무할 때는 아침 저녁으로 유물보존실에 들어가 유물들에게 말을 걸어보며 희열을 느끼기도 했다. 그런데 그 시절을 뒤로하고 나는 문화재를 배반한 듯 괴로워하며 살림살이에 살을 찌우고 있었다. 중대한 결단을 내려야 했다. 문화재 분야로 복귀하여 학위 논문을 쓰기에는 현실적으로 어려웠지만, 일반인을 대상으로 한 문화재를 보는 안목에 관한 책은 한번 써 보고 싶었다. 문제는 경제력과 부족한 시간이었다. 따라서 평소에는 직장 일에 충실하되, 틈틈이 자료 수집을 했으며, 주말에는 어김없이 현장을 돌아다녔다.

우여곡절 끝에 필자는 지난 2015년, 졸저 『문화재 공부법』을 세상에 내놓았다. 덕분에 10여 년의 공백이 있었음에도 불구하고 다시 대학교와 대학원 강의도 할 수 있었고, 주요 언론에 문화재 칼럼을 연재하는 행운도 얻을 수 있었다. 그 여세를 몰아 전 국민을 대상으로 300여 회 이상 문화재 특강과 100여 회 이상의 답사 지도를 강행해 왔다. 강의나 답사 지도를 한 후 하루 이틀이 지나면 예외 없이 연락이 온다.

조훈철 교수님? 혹은 조훈철 작가님?

『문화재 공부법』을 구할 수가 없어요. 절판되었다고도 하던데......

그럼 개정판은 언제 나옵니까?

『문화재 공부법』이 세상에 나온 지 5년이 지났다. 의욕이 앞서 본래의 취지를 전달하지 못한 부족함이 눈에 많이 띈다. 2018년 절판 된 후 강의 때마다 책을 구할 수 없느냐는 문의가 이곳저곳에서 많이 들어온다. 하지만 용기와 결단력의 부족으로 차일피일 미루어 오다 이제서야 비로소 개정판을 세상에 내놓게 되었으니 죄송한 마음 금할 길이 없다.

필자는 강의와 답사 지도를 하면서 문화재를 보는 방법론에 있어 3가지 원칙을 일관되게 주장해 왔다. 이는 그동안 쌓은 지식과 경험의 결과물이기도 하다.

1. 문화재를 접할 때는 우리 선조들의 시각으로 바라보자.
2. 우리 건축 문화재의 터 잡기 원리에는 반드시 풍수가 개입되어 있다.
3. 문화재 공부의 핵심은 현장 경험이다. 현장에 답이 있다.

이 3가지 원칙에 대한 해결책들이 이 책 속에 담겨 있다. 특히 문화재를 바라보는 시각은 정말 중요하다. 왜냐하면 우리 문화재에는 자연과 합일해서 삶을 영위하려는 선조들의 자연 친화적인 철학이 깔려있기 때문이다. 이는 오늘날 우리가 맹신하는 과학의 범주를 뛰어넘는 고차원적인 삶의 자세에서 창출한 전통문화의 결정체이기도 하다. 따라서 서양식 사고방식과 학문 체계로 우리 문화재를 해석하는 데는 한계가 있다. 우리 문화재는 우리 선조들의 눈높이 시각으로 바라보아야 한다. 이는 지극히 상식적이며 보편적인 내용이라 우리 국민이면 당연히 그러리라 생각한다. 하지만 현실은 어떠한가?

또한, 문화재 공부는 반드시 현장을 경험하는 것이 바람직하다. 만약 석굴암 부처님을 알고 싶으면 석굴암이 위치한 토함산을 먼저 방문해야 한다. 왜냐하면 우리 선조들이 터를 정할 때는 반드시 하늘의 법칙, 땅의 기운을 염두에 두고 그 자리를 택했기 때문이다. 세계적인 보물 팔만대장경이 770년이 지난 오늘날까지 온전히 보존될 수 있는 원동력은 가야산 해인사에 불어오는 바람의 흐름을 정확히 알고 있었던 선조들의 탁월한 자연과의 교감이 있었기에 가능했다. 그래서 '터를 떠난 문화재는 더 이상 문화재가 아니다.'라고 하는 것이다. 이는 명언이다. 현장 경험은 그래서 중요하다. 그런데 현장을 잘 가꾸고 보존하려면 알아야 한다. 알아야만 제대로 지켜낼 수가 있다.

전국을 무대로 강의를 하다 보면 우리 문화재를 너무 몰랐다며 고개를 끄덕이는 분들이 많다. 가슴이 먹먹하면서 보람을 느낀다. 『문화재 공부법』은 내게 주어진 어떤 사명이 맺은 열매다. 독자가 『문화재 공부법』을 통해 우리 문화재를 알고 우리 문화재의 주인이 된다면 문화재 연구를 한다고 친인척과 지인들에게 끼친 오랜 시간의 불편함이 일거에 만회되리라 여긴다.

『문화재 공부법』 원고와 엄청난 사진을 인내로 기다리고 다듬으며 정리하여 책이 탄생하기까지 수고한 해조음 출판사 이주현 대표와 신순원 팀장에게 각별히 고마운 마음을 전한다.

처음 책이 세상에 나왔을 때 부모님 모두 생존해 계셨는데, 5년이 지난 지금 두 분 모두 故人이 되셨다. 두 분의 극락왕생을 염원하며 영정에 이 책을 바친다.

2021(신축)년 2월
조훈철

일러두기

- 이 책에서 사용한 단어들은 학술 용어가 아닌 이해를 돕기 위해 사용한 단어들이다.
  예) 주인시각(선조들의 시각), 손님시각(서구인의 시각), 상대향, 절대향, 풍수 용어

- 이 책에 사용한 사진은 대부분 필자가 직접 촬영한 것이므로 별도로 출처 표기를 하지 않았다.
  다만, 항공사진과 실내 사진의 경우 영상 자료를 활용하였고, 그 출처와 방영날짜를 표기하였다.

- 부록에 실린 국보 및 보물의 지정일, 유네스코 세계유산에 등재된 문화재 등은 2020년 12월 30일을 기준으로 작성했다.

- 방위 표시를 할 때 북쪽을 기준으로 삼아 시계 방향으로 진행하도록 제작했다. 이는 동양의 전통 방위 체계에 근거를 둔 것이다.

- 조선왕릉을 표시할 때 여주시에는 2개의 영릉이 존재한다. 하나는 세종대왕과 비 소헌왕후가 합장릉으로 누워 계시는 영릉(英陵)이고, 또 다른 하나는 효종대왕과 비 장순왕후가 누워 계시는 동원상하릉인 영릉(寧陵)이다. 우리말 표기가 같아서 책자 속에서 설명할 때는 혼란을 방지하기 위하여 영릉이라는 한자어보다는 직접 임금의 이름을 사용하여 표기하였다.

- 이 책이 완성될 즈음, 국보와 보물의 지정번호가 해제된다는 소식을 접했다. 그러나 이 책에서는 혼란을 방지하기 위하여 국보 및 보물의 지정번호를 그대로 사용했다.

제1장

공간에 대한 인식

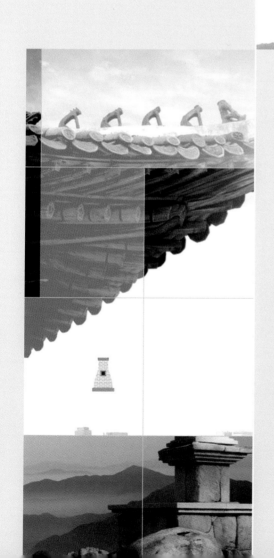

1. 왼쪽[左], 오른쪽[右]

문화재를 탐방하러 갔다. 인솔자의 안내에 따라 아름다움과 규모 그 섬세함에 현혹(?)되어 감탄하고 돌아온다. 만약 여기에 왼쪽 오른쪽의 의미를 알고 탐방을 한다면 인솔자가 설명하지 않은 문화재의 덕목까지도 읽을 수 있게 될 것이다. 그렇다면 왼쪽 오른쪽 하는 방향은 어떻게 설정되었고, 어떻게 적용되어 생활 속에 스며들었을까? 지금도 주요 행사에서 의전 담당이나 예절교육을 하는 분들은 왼쪽 오른쪽의 중요성을 누구보다 잘 알고 실행하고 있다. 그런데 문화재를 공부하면서 선조들이 적용한 방향과 우리 후손들이 적용하는 방향이 다르다는 것을 알게 되었다. 첫 단추를 잘못 꿰면 이어질 우리 문화재와의 소통이 뒤죽박죽된다. 그래서 『문화재 공부법』에서는 먼저 왼쪽 오른쪽의 바른 적용에 대해 다루고자 한다.

동양권 문화에서 사물을 바라보는 방향을 말할 때 좌향(坐向)이란 단어를 사용한다. '좌(坐)'란 내가 앉아 있는 자리이며, 앉아서 바라보는 그 방향을 향(向)이라고 한다. 그래서 내가 앉아서 앞을 바라보는 것을 '좌향(坐向)'이라고 한다. 그러므로 내가 중심이 되어 사물을 바라보면서 왼쪽 오른쪽이 정해진다. 내가 중심이 되므로 일명 주인 시각이라고도 한다. 우리 문화나 문화재 속에는 이러한 좌향 개념이 고스란히 녹아있다. 그런데 서구 문화의 경우, 동양의 그것과는 반대로 적용된다. 다시 말해 사물을 바라볼 때 내 앞에 서서 나를 바라보는 것을 기준으로 왼쪽 오른쪽을 정하고 있다. 이는 주인 시각과 반대되는 개념으로 손님 시각이라고 한다. 그렇다면 우리는 지금 왼쪽 오른쪽을 정할 때 주인이 되어 정했을까? 아니면 손님이 되어 정했을까?

요약하면, 우리 문화나 문화재는 모두 내가 중심이 되어 사물을 바라보는 주인 시각으로 이루어졌음을 알 수 있다. 그러므로 코페르니쿠스적 발상의 전환은 아닐지라도 우리 문화나 문화재를 접할 때 지금까지 알고 있는 통념들을 거부할 수 있는 용기가 필요하다. 이제 사례를 통해 하나씩 들여다보자.

● 종묘사직

조선의 태조(太祖) 이성계(李成桂)는 성리학을 바탕으로 개국 후, 수도를 개경에서 한양으로 천도하였다. 도읍지가 정해지면 도성 안에 시급하게 건설해야 할 3가지가 있다. 바로 궁궐(宮闕), 종묘(宗廟)와 사직단(社稷壇), 그리고 성곽(城郭)이다. 이 가운데 가장 중요한 조형물이 종묘와 사직단이다. 이들을 건설할 때는 필히 '좌묘우사(左廟右社)' 원칙을 따라야 한다. 여기에는 '궁궐을 기준[1]으로 왼쪽에 종묘[2], 오른쪽에 사직단[3]을 세운다.'라는 의미를 담고 있다. 고대 중국 주(周)나라 예법에 명시되어 있는 이 원칙을 조선도 도성 계획을 수립할 때 거의 고수하고 있었다. 동양의 역사나 문화에 조예가 있다면 기본으로 알고 있을 것이다. 이와 관련하여 예전에 방영된 TV 프로의 한 부분을 검토해 보자.

---

1 이 궁궐은 조선의 정궁 경복궁을 가리킨다. 조선은 유교 국가로서 유교 예법에 따라 모든 일이 이루어진다. 조선 국왕이 반드시 지켜야 할 예법 가운데 하나는 '군주남면'이다. 이 말은 '국왕은 반드시 북쪽에 자리를 잡고 남쪽을 바라보면서 정치를 해야 한다'는 의미이다. 따라서 궁궐의 배치는 항상 북쪽에서 남쪽을 바라보는 남향을 원칙으로 한다.
2 종묘는 유교를 지배 이념으로 삼았던 조선시대 역대 왕과 왕비, 그리고 사후 왕으로 추존된 왕과 왕비의 신주(神主)를 봉안하고 국가적인 제사를 지내는 왕실 사당이다. 사적 제125호로 지정 보호받고 있으며, 1995년 유네스코 세계문화유산에 등재되었다.
3 사직단은 토지의 신[社]과 곡식의 신[稷]에게 국가의 안녕과 풍년을 위해 제사 지내는 신성한 장소이다. 고대 농경사회에서 토지와 곡식은 국가와 민생의 근본이므로 중요하고 신성한 장소로 여겼다. 현재 사직단은 사적 제121호로 지정 보호받고 있다.

…… 조선왕조의 수도로 최종 후보에 오른 것은 인왕산과 백악산, 팽팽한 대립 끝에 수도는 백악산으로 결정 났다. 백악산을 중심으로 동쪽에 낙타산, 서쪽에 인왕산, 북쪽에 백악산, 남쪽에 목멱산[남산]을 이은 것이 수도 한양이다. 수도가 결정되자 태조는 즉시 종묘와 사직, 궁궐, 시장, 도로의 터를 정하게 하였다. 이것이 조선 초기 도성 계획을 위한 설계도이다. **경복궁 왼쪽에 사직**이 있고, **오른쪽에 종묘**가 있다. 그리고 경복궁 앞으로 큰 길인 운종가가 나 있는데 이것이 오늘날의 종로이다……

〈출처 : 영상복원 경복궁은 지금과 달랐다, KBS 역사스페셜, 2001.2.3. 방영〉

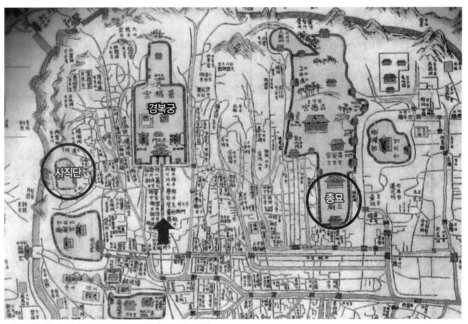

경복궁을 향해 바라본 종묘와 사직단 (서구인 시각)

우리 문화재를 접할 때 주의해야 할 점은 '눈에 보이는 것만이 진실이 아니다.' 라는 사실이다. 사물을 바라보는 관점의 차이를 정확히 인식하는 것이 무엇보다 중요하다.

앞 그림처럼 화살표 방향으로 궁궐을 바라보면 방송 대본처럼 왼쪽에 사직단, 오른쪽에 종묘가 놓이게 된다. 대본과 그림은 일치한다. 하지만 이는 손님의 입장에서 본 서구인의 시각이 된다.

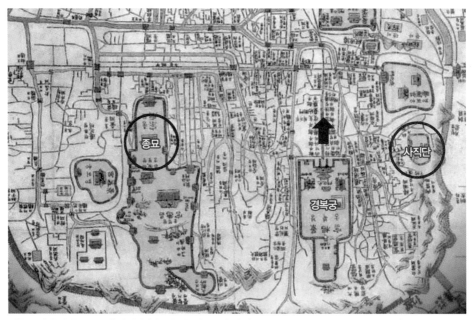

경복궁에서 바라본 종묘와 사직단 (좌묘우사, 선조들의 시각)

우리 선조들은 자연현상을 관찰하거나 조형물을 설치할 때, 내부에서 외부를 향해 바라보는 주인 시각을 중시했다. 그러므로 한양도성 계획을 제대로 이해하려면 선조들의 시각을 고려한 위 그림처럼 배치를 해야 한다.

요약하면, 경복궁을 기준으로 남쪽을 바라보았을 때 왼쪽에 종묘, 오른쪽에 사직단이 있다. 이는 조선시대 지명 및 관직에 나타나는 좌우의 기준을 정하는 원칙이 되므로 반드시 기억할 필요가 있다.

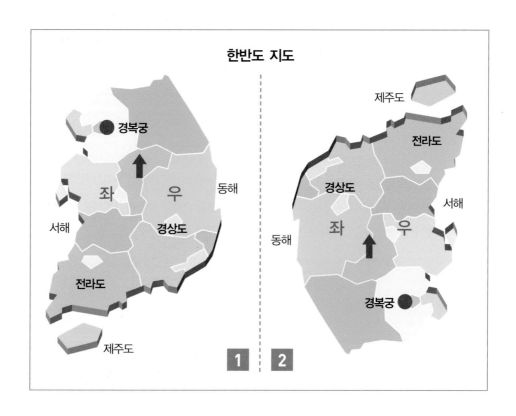

위에 두 개의 지도가 있다. 눈에 익숙한 것은 어느 것인가?

당연히 (1)번 일 것이다. 이것이 교육의 힘이다.

하지만 우리 옛 지명을 제대로 이해하려면 궁궐에 있는 왕의 입장이 되어야 한다.

(1)번처럼 지도를 보게 되면 왼쪽에 서해, 전라도가 위치하지만 (2)번의 경우에는 오른쪽에 서해, 전라도가 오게 된다.

우리 선조들의 공간 개념을 이해하려면 지도를 (2)번처럼 보는 연습을 해야 한다.

● 전라좌수영의 위치

다음은 고등학생들을 대상으로 진행하는 인기 TV 프로그램 '골든벨'에 출제된 문제이다. 한번 도전해 보자.

Q: 조선의 장수 이순신은 류성룡의 천거로 정읍현감(종6품)에서 전라좌도수군절도사(정3품)로 승진한 뒤, 전라좌수영에 부임했다. 임진왜란 발발 1년 전인 1591년 1월에 이곳에 온 뒤 제일 먼저 시행한 것이 군비 확충이었다. 위 문장에 등장하는 전라좌수영은 아래 지도에서 어디일까?

(1) 해남　　　　　(2) 여수

이는 오늘날 제작된 지도를 보고 옛 지명의 위치를 묻는 문제이다. 그런데 이런 문제를 다룰 때는 눈에 보이는 사실보다는 선조들의 생각을 읽어내려는 노력이 앞서야 한다. 화살표 방향이 좌우의 기준이 된다. 정답은 여수이다.

● 사찰 내 법당에서 보살의 위치

사찰 방문 시 불교도이든 탐방객이든 관계없이 주 건물인 법당이 눈에 들어온다. 내부를 들여다보면 가운데 부처 한 분과, 양쪽에 보살을 한 분씩 모시고 있다. 이때 좌우에 모신 보살을 협시보살이라 부르며, 중앙의 본존불과 좌우보살을 합하여 삼존불(三尊佛)이라고 한다. 주의할 것은 모셔진 부처의 종류에 따라서 보살의 명칭이나 건물의 현판 이름도 달라진다는 점이다.

지장보살 　　　　　아미타불 　　　　　관음보살

강진 무위사 극락보전 내 아미타삼존불

위 사진은 아미타불 좌우에 관음보살과 지장보살을 모셔 놓은 불상 조각 및 후불탱화이다. 이런 배치를 아미타삼존불이라고 한다. 이때 아미타불의 왼쪽에 계시는 보살은 누구일까?

이런 문제에 접근할 때 중요한 것은 손님이 아닌 주인 시각으로 사물을 바라보려는 자세이다. 사찰에서 주인은 부처나 보살이 된다. 그러므로 부처나 보살의 자리에서 중생을 바라보는 시선의 방향이 왼쪽 오른쪽의 기준이 된다. 앞 사진은 아미타불을 중심으로 왼쪽에 관음보살, 오른쪽에 지장보살이 좌정해 계시는 경우이다.

이렇듯 사찰에 가면 부처님을 중심으로 왼쪽 오른쪽 양쪽에 불상이나 보살상을 배치하는 경우가 많다. 그들의 명호를 부를 때는 가운데 부처님을 기준으로 왼쪽을 먼저, 오른쪽을 나중에 말하는 것이 원칙이다. 가섭-아난, 문수보살-보현보살, 관세음보살-지장보살, 일광보살-월광보살, 범천-제석천 등이 좋은 예이다.

● 조선왕릉에서 왕의 위치

경기도 고양시에 가면 조선왕릉 가운데 한 곳인 서오릉을 만날 수 있다.

서오릉이란 경복궁의 서쪽에 위치한 5기의 왕릉이란 뜻이다. 그곳에 가면 문화재 공부를 제대로 할 수 있는 소재들이 우리를 기다리고 있다.

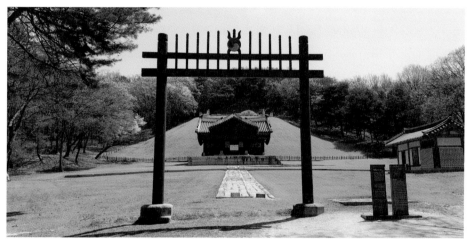

서오릉 내 홍릉의 전경.

우허제가 적용된 유일한 조선왕릉 (서오릉, 홍릉)

조선왕릉[4]을 공부하다 보면 '우허제(右虛制)'란 용어가 눈에 띈다. '우허제'란 왕비가 먼저 승하(昇遐)하여 능을 조성할 경우 왕이 훗날 왕비와 함께 묻히기 위하여 능의 오른쪽을 비워 두는 것을 말한다. 이때 능의 오른쪽이란 돌아가신 분의 봉분에서 홍살문 쪽을 바라보았을 때 오른쪽이란 의미이다.

조선왕릉 가운데 '우허제'가 적용된 왕릉은 서오릉 내 홍릉 1기뿐이다. 홍릉은 영조 임금의 정비인 정성왕후가 홀로 누워계시는 현장이다. 후대 왕에 등극한 그의 손자 정조는 할아버지를 이곳이 아닌 동구릉[원릉]으로 모시게 된다. 정조의 심경을 이해할 수 있을까? 어쨌든, 우허제를 통해서 왼쪽 오른쪽 기준이 주인 시각이란 점을 확실히 알 수 있다.

전국적으로 우리 문화재를 탐방하다 보면 현장에 있는 안내 표지나 안내 책자에 왼쪽 오른쪽을 반대로 기술한 곳이 한두 군데가 아니다. 이는 앞서 언급했듯이 서양 시각으로 우리 문화재를 보기 때문에 생긴 오류이다. 이런 사항들은 제도권 교육에서 교육을 통해 교정하면 가장 빠르게 시정할 수 있다. 필자는 5~6년 전부터 공무원, 교사, 일반인, 학생들을 대상으로 문화재 연수교육 중 '문화재를 보는 안목'이란 제목으로 강의를 하고 있다. 강의 후 반응은 대부분 처음 듣는 내용이라며 놀라워한다. 실은 전혀 놀라울 일이 아니지 않은가? 유치원, 초중등학교 교사들이 왼쪽 오른쪽에 대한 내용을 처음 접한다면 대한민국 문화재 교육은 원점에서 다시 해야 하지 않을까?

---

4 조선왕릉은 종묘, 궁궐과 더불어 역대 임금의 삶과 죽음의 세계를 보여주는 조선 왕실이 남긴 귀중한 문화재이다. 전체 42기 가운데 북한에 있는 2기를 제외한 총 40기가 2009년 세계문화유산으로 등재되었다.

2. 절대향, 상대향

우리의 전통 방위 인식에는 절대향과 상대향이 있다. '해는 동쪽에서 뜨고, 서쪽으로 진다'와 같이 나침반에 의존하여 정하는 방위를 절대향이라고 한다.

아래 지도를 보면 경복궁을 기점으로 정동쪽에 동해시, 정서쪽은 인천시 서구, 정남쪽은 전라남도 장흥군이 위치한다. 이는 절대향 시각으로 본 방위 개념이다.

절대향 시각으로 본 방위

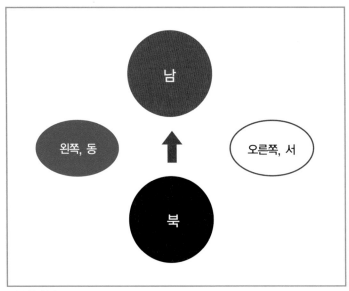

상대향 원리

하지만 이와 반대로 주체가 정해지면 그 자리를 무조건 북쪽으로 정하고, 전면을 남쪽으로 보는 시각이 있다. 이렇게 주체를 중심으로 방위가 정해지는 것을 '상대향' 시각이라고 한다. 이때 정해진 북쪽은 실제 방위와는 무관하다는 것이 핵심이다. 따라서 상대향 북쪽에서 전면을 바라보면 왼쪽은 동쪽, 오른쪽은 서쪽이 된다.

서원의 기숙사 역할을 하는 동재 서재를 정할 때, 제사상에 과일을 배치할 때, 사찰의 주 건물 앞 쌍탑의 경우 동탑 서탑을 정할 때, 무덤의 전면에서 좌청룡 우백호를 정하는 원칙 등에는 모두 상대향 원리가 그 속에 담겨 있다. 우리 문화재에 담긴 공간개념을 이해하려면 상대향 북쪽의 원리를 아는 것이 무엇보다 중요하다.

● 서원의 동재 서재

16세기 이후 교육기관으로 지방에 설치된 서원은 조선 성리학을 잉태시킨 산실이다. 따라서 조선의 선비정신을 체험하려면 서원에 가면 가장 잘 알 수 있다. 그 체험학습장의 중심에 도동서원이 있다. 도동서원은 서원 건축의 모범이라고 할 정도로 배치가 탁월하다. 특이한 점은 중심 건물인 강당이 북향을 하고 있다는 것이다. 한반도의 기후 조건상 북향은 생활하기가 매우 불편하다. 그런데도 이런 배치를 한 까닭은 주변에 있는 산 기운 때문이다. 조선의 선비들이 서원의 지리적인 입지 조건을 선정할 때 가장 중요하게 생각했던 것은, 뒷산의 지세와 서원에서 바라다보는 앞산, 즉 안대(案對)의 모습이다. 북향집인 도동서원의 강당에 서서 전면을 바라보면, 좌, 우측에 기숙사에 해당되는 건물이 한 채씩 있다. 이를 동재, 서재라 부른다. 왼쪽에 있는 건물이 절대향으론 서쪽이 되지만, 실제로는 동재(동쪽에 있는 기숙사)라 부른다. 그러면 오른쪽 건물은 당연히 서재가 된다. 우리 문화재에 상대향을 적용한 대표적인 사례다.

도동서원 강당(중정당)에서 바라본 전경 (달성 도동서원)
도동서원은 북향집이므로 실제로 해는 서재 뒷편에서 떠오른다.

● 조선왕릉 좌청룡 우백호

조선왕릉 또한 상대향 개념이 적용되는 문화재 현장이다. 어떤 왕릉을 방문하더라도 상관이 없다. 중요한 점은 어느 장소에서 바라보느냐 하는 것이다.

조선왕릉에 설치된 여러 조형물들을 제대로 알고 싶다면 홍살문이 아닌 왕과 왕비가 누워 계시는 능침 공간 쪽으로 가면 된다. 하지만 그곳은 출입을 제한하고 있으므로 정자각에 올라가서 홍살문 쪽으로 바라보면 능침에 서 있는 것과 같은 효과가 있다.

정자각에서 홍살문을 향해 바라보았을 때, 왼쪽은 동쪽에 해당되면서 좌청룡, 오른쪽은 서쪽이면서 우백호라 부르게 된다. 상대향 원리는 이렇게 포괄적으로 적용되는데 교육 현장에서는 이런 용어를 들을 수 없다.

능침에서 정자각, 홍살문을 향해 바라본 조선왕릉 (동구릉 내 건원릉)

● 남한산성 좌익문 우익문

남한산성은 11번째 유네스코 세계문화유산으로 등재된 한국의 대표적인 유적지 가운데 한 곳이다. 이곳에 가면 상대향과 관련된 흥미로운 현판이 우리를 기다리고 있다.

> **Q**: 조선 제16대 왕인 인조는 병자호란 당시 청나라에 항복하기 위해 남한산성 서문으로 나와 삼전도로 향했다. 이때 서문의 현판 이름은 무엇인가?
>
> (1) 좌익문 (2) 우익문

남한산성에는 성곽을 두르는 4개의 문이 있는데, 각각의 문루에는 현판이 걸려있다. 정문에 해당하는 남쪽에는 지화문(至和門), 북쪽은 전승문(全勝門)이라 적혀있지만, 동서쪽 현판을 확인해 보면 별 의미가 없어 보이는 좌익문, 우익문이란 글자가 적혀있다.

필자는 경기도인재개발원에서 공무원들을 대상으로 세계문화유산으로 등재된 14곳의 유적지 가운데 경기도에 있는 3곳(수원화성, 남한산성, 조선왕릉)을 지난 5년간 40여 회 특강 및 답사지도를 해 오고 있다. 이곳을 답사하면서 교육생들과 대화를 나누다보면, 병자호란 당시 임시 피난처로 남한산성을 택하여 남문으로 들어와서 항복하러 나갈 때는 서문을 이용했다는 것은 상식으로 알고있는 듯 했다. 그런데 서문의 현판에 새겨진 글씨를 보는 순간 당황하는 기색이 역력하다. "조 교수님, 서문을 왜 우익문이라 하지요?" 정답은 무엇일까? 상대향 북쪽을 이해하면 쉽게 답을 찾을 수 있다.

성문의 이름을 좌익문, 우익문으로 명명했다는 것은 상대향 원리를 적용시켰다는 것을 의미한다. 다시 말해, 상대향 북쪽의 입장에서 보면 왼쪽은 동쪽, 오른쪽은 항상 서쪽이 된다. 따라서 남한산성 서문은 '우익문' 그리고 동문은 '좌익문'이 되는 것이다.

남한산성의 서문 우익문

서문의 전경

서문의 문루에서 바라본 전경
멀리 잠실 롯데월드몰이 보인다

● 차례상 홍동백서

명절 차례상을 차릴 때 홍동백서(紅東白西)라는 용어가 있다. '홍동백서'란 붉은색 과일은 동쪽, 흰색 과일은 서쪽에 놓는다는 뜻이다. 조리기능장 시험에, 심지어 초등학교 교과서에도 등장한다. 이때 동서쪽의 기준은 무엇일까?

상대향 개념을
적용한 홍동백서

이 문제 또한 상대향 북쪽의 원리를 모르면 알 수가 없다. 차례상을 차릴 때 가장 중요한 조상의 위패나 영정 사진을 모신 곳이 상대향 북쪽이 된다. 이것이 핵심이다. 따라서 위패나 영정 사진을 기준으로 전면을 바라보았을 때 왼쪽은 동쪽, 오른쪽은 서쪽이 된다. 그러니 왼쪽 끝에는 붉은색 과일인 대추를, 오른쪽 끝부분에는 속살이 하얀 밤이 놓이게 된다. 한편, 음식을 차릴 때 두동미서(頭東尾西-머리는 동쪽에, 꼬리는 서쪽에), 어동육서(魚東肉西-생선은 동쪽에, 고기는 서쪽에)란 용어도 있다. 이때 동서의 방향은 역시 상대향을 기준으로 생각하면 쉽게 해결할 수 있다.

상대향 개념으로 제사상을 차리면 위패가 놓인 곳이 북쪽이 된다.
따라서 위패를 기준으로 왼쪽은 동쪽, 오른쪽은 서쪽이 된다.
출처 : KBS 느티나무 – 제사상에서 캡처
　　　 2009. 2. 25 방영

차례상에 과일을 올릴 때 홍동백서 이외에 조율이시(棗栗梨柿) 배치도 있다. 서쪽에서 시작해서 동쪽으로 가면서 조[대추], 율[밤], 이[배], 시[감]를 올린다는 것이다. 일부 가문에서는 배와 감의 순서를 바꿔 놓기도 한다. 그렇다면 홍동백서와 조율이시에는 어떤 차이가 있을까? 이 분야는 앞으로 더 연구해야 하겠지만 일반적으로 '홍동백서'는 기호지방(노론) 쪽에서 선호하고 '조율이시'는 영남 남인들이 선호한다고 한다. 하지만 예외도 많은 법, 이 분야 전문가들의 조언을 가장 필요로 하는 대목이다.

| 조(대추) | 율(밤) | 이(배) | 시(감) |

조율이시의 과일 배치법
출처 : EBS 다큐프라임
　　　 세계문화유산 양동마을 이야기,
　　　 1부 오래된 미래에서 캡처
　　　 2014. 2. 3. 방영

참고로 제례의식이나 차례상에 올리는 4가지 과일의 배치법에는 재미있는 이야기가 전해 온다.

대추는 꽃이 피면 반드시 열매를 맺는다. 그런데 그 열매도 매우 많이 열린다. 이는 곧 자손의 번창과 다복의 의미를 담고 있다. 또한 대추는 씨가 하나이면서 열매와 비교해 상대적으로 그 크기가 크다. 그래서 예전부터 대추는 왕(王)을 상징한다고 한다.

밤은 땅속에서 싹을 틔우고도 오래도록 썩지 않는 특성이 있다. 보통 곡식 씨앗은 싹을 틔우고 나면 이내 썩어서 흙으로 돌아가지만, 밤은 자신이 틔운 싹이 나무로 자라 손자뻘인 열매가 맺어야 썩기 시작한다. 이는 곧 죽은 뒤에도 자식을 생각하고 걱정해 주는 조상의 음덕을 잊지 말고 기억해야 한다는 깊은 의미를 지니고 있다. 그래서 밤이라는 과일은 자신의 근본을 잊지 말라는 것과 자기와 조상의 영원한 연결을 상징한다. 이런 이유로 돌아가신 분의 위패를 만들 때는 필히 밤나무로 제작한다. 밤은 한 송이의 씨앗에 세 톨이 열린다. 그래서 밤을 일컬어 삼정승(영의정, 좌의정, 우의정)을 상징한다고도 한다.

잘 익은 밤송이

배는 그 껍질이 누렇고 속살은 희다. 황색은 오행상 가운데를 뜻하고 흰빛은 순수와 깨끗함을 상징한다. 조상의 덕을 받들어 항상 흔들리지 말고 깨끗함을 잃지 말라는 의미가 담겨 있다. 배는 씨가 6개다. 그래서 배를 일컬어 6조 판서를 상징한다고도 한다.

끝으로 감은 반드시 접을 붙여야 감나무가 되는 특성이 있다. '콩 심은 데 콩 나고, 팥 심은 데 팥 난다'라고 하지만 감은 그렇지 않다. 감 씨를 심으면 감이 열리는 것이 아니라 감같이 생긴 조그마한 고욤 열매가 열린다. 즉, 감 씨를 심으면 감나무가 되는 것이 아니라 고욤나무가 된다. 감나무가 되려면 이 고욤나무의 그루터기를 칼로 쪼개어 거기에다 다른 감나무 가지를 꺾어 접을 붙이는 고통의 과정을 거쳐야 한다. 그래서 감나무가 상징하는 것은 사람도 그저 태어났다고 사람이 되는 것이 아니라 다른 가지를 꺾어 접을 붙이듯이 부모의 양육과 교육이라는 접을 붙여야 올바른 사람이 된다는 함축적인 의미를 지니고 있다. 감은 씨앗이 8개 있다. 그래서 감을 일컬어 8도 관찰사를 상징한다고도 한다.

이와 같이 제사상에 올리는 과일 하나하나에도 깊은 뜻이 담겨 있다. 그래서 제례의식은 조상에게 복을 빌고 또한 그 음덕을 추모하며 올바른 자손이 될 것을 다짐하는 의식이면서 가족 간의 모임을 통해 화목을 다지는 우리의 전통문화이기도 하다.

조상에 대한 제례의식은 동양의 유교 문화나 서양의 기독교 문화 모두에게 큰 의미가 있다. 이 의식 속에는 제각기 민족문화의 정수(精髓)가 숨겨져 있다. 이를 얼마나 소중히 여겨 계승 발전시켜나가느냐 하는 것이 21세기 국가 경쟁력에 주요 변수가 되는 것은 자명한 사실이다.

3. 왼쪽이 높다[左上右下] 오른쪽이 높다[右上左下]⁵

왼쪽 오른쪽 그리고 절대향 상대향에 대해 알고 보니 이것만으로도 제법 눈이 뜨인 것 같다. 이렇듯 공간 배치에 대한 기준은 알았는데 그렇다면 상석은 어느 쪽일까?

인간이 삶을 영위하는 공간은 양택과 음택으로 구분할 수 있다. 살아있는 사람의 공간은 '양택(陽宅)', 죽은 자의 공간은 '음택(陰宅)'이라고 한다. 이때 '양택'과 '음택'의 경우, 왼쪽 오른쪽의 우선순위는 정반대가 된다.

살아있는 사람의 공간인 양택의 경우, 왼쪽이 오른쪽보다 서열이 높다. 이를 '좌상우하(左上右下)'라고 한다. 하지만 죽은 자의 공간인 음택에서는 이 원칙은 정반대가 되어 오른쪽이 왼쪽보다 서열이 높다. 이를 '우상좌하(右上左下)'라고 한다. 예를 들면 궁궐, 서원, 사대부 가옥 등은 왼쪽이 높고, 종묘, 조선왕릉, 사당 등은 오른쪽이 높다. 답사해 보면 확연히 알 수 있다.

---

5 문화재 현장에서 '왼쪽이 높다, 오른쪽이 높다.' '남존여비, 장남 우선주의'라는 기준이 정립된 것은 조선의 건국이념인 성리학이 완전히 정착된 17세기 이후이다. 그 대표적인 사례가 1, 2차 예송논쟁이다. 한편, 불교 문화재를 접할 때 왼쪽 오른쪽의 우선 순위는 성리학에서 말하는 상하 개념이 아닌 다른 차원의 문제이다. 불교에서 언급하는 공간 개념(왼쪽, 오른쪽, 우요삼잡) 등은 조만간 출시할『불교 문화재 공부법』에서 다루고자 한다.

● 양택(1) : 궁궐 정전에서 좌석 배치

양택을 대표하는 문화재의 중심에 궁궐이 있다. 서울에는 조선시대 왕이 거주했던 5개의 궁궐이 있다. 일제강점기와 한국전쟁 등으로 일부는 왜곡되고 또 일부는 규모가 축소되었지만 오늘날까지 모든 궁궐이 고스란히 남아 보존되고 있다는 것은 여간 다행스러운 일이 아니다.

아래 사진은 경복궁의 중심 건물인 '근정전'과 그 앞마당 전경이다. 이곳을 예전에는 '조정(朝廷 : 조회를 하는 마당)'이라 불렀다. 이때 정(庭)은 정원, 마당이라는 뜻을 지니고 있다. TV 사극의 단골 대사인 '조정대신'이란 말은 이곳 마당에 설 수 있는 신분을 뜻한다. 그러한 신분에는 문반과 무반 두 부류가 있다. 이들을 합쳐 흔히 양반이라 부르는데 이들이 조선의 지배 계층이었다.

경복궁 근정전 및 조정
근정전은 백악산과 인왕산을 염두에 두고 위치와 높이를 선정했다.

궁궐 조회 시 신하들의 좌석 배치
출처 : KBS드라마 '징비록' 에서 캡처
2015. 2. 14. ~ 2015. 8. 2. 방영

그렇다면 조회를 할 때 이들의 자리는 어디일까?

신하들의 좌석 배정은 근정전 용상에서 남쪽을 바라보는 왕(군주 남면)이 기준이 된다. 왕을 중심으로 왼쪽(동)은 문신, 오른쪽(서)은 무신이 그 자리를 차지한다. 이때 상석은 왼쪽이다. 왜냐하면, 조선은 성리학을 국시로 내세워 개국하면서 글을 읽는 문신들을 무신들보다 우대했기 때문이다. 문신 우대 정책과 더불어 궁궐에 가면 모든 조형물의 배치나 건물 현판의 내용이 유교 예제에 따라 조성되어 있음을 발견하게 된다. 아는 만큼 보인다! 과연 그렇다.

● 양택(2) : 서원의 동재 서재

또 다른 양택 공간 가운데 서원이 있다. 서원은 선현(先賢)에 대한 제사와 학문을 연마하는 2가지 목적으로 건립된 조선시대 사립 교육기관이다. 선현을 배향하는 제향공간이 사당이라면, 학문을 연마하는 강학공간은 강당이 된다. 서원은 원래 심신을 수양하고 학문을 연마하며 인재를 양성하는 양택 공간으로 건립되어 발전해 왔다. 다만, 유의해야 할 점은 조선시대 최초의 서원인 소수서원은 성리학을 한반도에 전래한 안향(安珦, 1243~1306)을 배향하기 위해 건립되었으므로 음택 공간인 사당을 중심으로 서원 배치가 이루어졌다는 것이다.

소수서원 안내도
소수서원은 음택 공간이므로 안향의 위패가 모셔진 문성공묘의 위계가 가장 높다.(우상좌하의 원칙이 적용됨)

그러나 소수서원을 제외한 대개의 서원들은 학문을 연마하기 위한 공간인 강당을 중심으로 건물 배치가 이루어진 양택 공간이다. 여기에서 언급하는 서원도 양택 공간인 강당을 중심으로 설립된 서원임을 미리 밝혀둔다.

서원의 기본 배치를 살펴보면, 강당을 중심으로 왼쪽 윗부분(동북쪽)에 사당이 있고, 강당 앞 마당에는 미음(ㅁ) 자 형태의 공간이 형성된다. 강당의 왼쪽에는 동재, 오른쪽에는 서재라는 오늘날 기숙사에 해당하는 건물이 마주보고 있고, 강당의 전면에는 누(樓) 건축물이 서 있다. 그 외 강당과 사당 주변에 장서각, 전사청, 고직사와 같은 부속 건물들이 놓여있다. 이것이 서원 배치의 일반적인 형태이다.

안동 병산서원 강당(입교당)에서 바라본 전경
만대루 앞으로 낙동강이 유유히 흐르고 있다.

위 사진은 조선시대 대표적인 서원인 병산서원의 강당에서 바라본 전경이다. 강당 좌우에는 오늘날 기숙사에 해당하는 2개의 건물 동재, 서재가 놓여있다. 이 가운데 서열이 높은 건물은 어느 것일까?

서원은 양택 공간이므로 왼쪽에 있는 동재가 당연히 서열이 높다. 따라서 기거하는 유생들 가운데 양반과 평민이 함께 있을 때는 양반이, 선배와 후배가 함께 있을 때는 당연히 선배가 왼쪽 공간인 동재에 머무르는 것이 원칙이다.

● 음택(1) : 종묘에서 신주 배치

종묘는 조선의 왕과 왕비 혹은 추존된 왕과 왕비의 신주를 모셔둔 왕가의 사당으로 음택의 대표적 공간이다. 이곳의 중심 건물은 정전(正殿)이며 그 내부에는 왕과 왕비의 신주가 19칸의 신실에 각각 모셔져 있다. 이곳을 방문하면 해설사가 늘 방문객에게 물어보는 질문이 있다.

> **Q :** 조선을 개국한 태조 이성계의 신주는 1~19칸의 신실 가운데 어느 곳에 모셔져 있을까? (아래 사진 참조)

정답은 서쪽 맨 끝자리에 있는 1번 공간이다. 이를 학술 용어로는 '서상제(西上制)'라 한다. 2번 태종, 3번 세종, 4번 세조의 신주가 모셔져 있고 맨 끝자리인 19번에는 조선의 마지막 왕인 순종의 신주를 모셔두었다. 이곳에서 배제된 임금의 신주들은 영녕전으로 옮겨 모시고 있다.

종묘 정전 (우상좌하의 원칙이 적용)

• 종묘의 정전

1	2	3	4	5	6	7	8	9	10	11	12	13	14	15	16	17	18	19
태조	태종	세종	세조	성종	중종	선조	인조	효종	현종	숙종	영조	정조	순조	익종	헌종	철종	고종	순종

←⋯ 서쪽　　　　　　　　　　　　　　　　　　　　　　　　　동쪽 ⋯→

- 왕의 위패는?

신주 배치법(1) – 1번 왕, 2번 왕비

아하! 이제 문화재를 보는 재미가 생겼다. 이어서 신실 문을 열고 내부에 들어가면 위와 같은 위패가 놓여 있다. 하나는 왕, 또 다른 하나는 왕비의 위패이다. 그렇다면 왕의 위패는 어느 것일까?

종묘 정전 내 각 신실에는 신주가 위와 아래에서 보듯 2기 혹은 3기가 놓여있다. 특히 신주가 3기가 있는 것은 왕과 왕비 그리고 계비의 신주를 함께 봉안한 경우이다. 어떤 경우이든 오른쪽인 서쪽이 높다는 원칙에 따라 1번이 왕의 신주가 된다.

신주 배치법(2) – 1번 왕, 2번 왕비, 3번 계비

39

● 음택(2) : 조선왕릉에서 왕의 위치

조선왕릉 동구릉에서 왕의 위치를 알아보자.

동구릉은 경복궁의 동쪽에 위치한 9개의 왕릉을 지칭하는 용어이다. 이곳에는 태조
이성계를 비롯하여 6명의 왕과 10명의 왕비 및 계비가 안장되어 있다. 아래 사진은
동구릉 내 '원릉'이다. 원릉은 52년간 조선을 통치한 영조 임금과 그 계비 정순왕후의
능이다. 이곳에서 왕의 자리는 어디인가?

동구릉 내 원릉

이런 질문은 너무 시시하다고? 그렇다, 당연히 1번이 왕의 무덤이다.

4. 동쪽으로 들어가서 서쪽으로 나온다[東入西出]

동입서출(東入西出)은 동쪽을 입구로 서쪽을 출구로 삼는 유교 시설물의 일반적인 출입 규칙을 표시한 용어이다. 이때 동서는 실제 방위와는 무관한 상대향 개념을 도입한 것이다. 그러므로 주체인 북쪽에서 남쪽을 바라보는 형국이 되므로 왼쪽은 동쪽, 오른쪽은 서쪽이 된다. 이런 공간 배치는 유교 이념이 철저히 뿌리내린 서원, 사당, 조선왕릉 등의 계단 및 대문에서 엄격하게 적용되고 있다.

서원의 외삼문 (용인시 심곡서원)

그렇다면 조형물을 축조할 때 왜 이런 원칙을 적용하였을까?

조선은 불교를 배격하고 성리학을 국가의 통치이념으로 내세워 건국한 나라다. 성리학에서는 하늘의 도리인 천리(天理)와 인간의 마음인 인심(人心)이 하나라는 천인합일(天人合一) 사상을 강조한다. 따라서 조선의 성리학자들은 인간이 하늘의 도리를 따르는 것이 당연하다고 생각했다. 그러므로 전통 시대 조형물의 공간배치에 내재된 질서 의식은 우주의 자연 질서에 순응하는 그 자체였다. 따라서 만약 어떤 사람이 서원 강당의 계단을 오르내릴 때, 혹은 사당의 삼문을 출입할 때 동입서출의 질서를 거슬렀다면 그는 하늘의 도리에 역행하는 행동을 한 사람으로 취급당했을지 모른다.

이런 현상은 오늘날 신호등 체계를 생각해 보면 이해가 될 것이다. 빨간불일 때 모든 차는 멈추고, 파란불이 켜지면 차는 달린다. 이는 사회적 약속이다. 따라서 이를 지키면 서로가 편리해 지지만 만약 지키지 않으면 혼란에 빠진다. 마찬가지로, 조선시대 '동입서출'은 당시 사람들에게는 보편적인 상식이었기에 모두가 알고 삶의 일부로서 받아들였다. 이러한 공간에 대한 인식은 우리 선조들의 삶이었고 문화 현상이었다.

● 서원 강당 출입 시

서원의 강당을 오르내릴 때도 동입서출이 적용된다. 안동 도산서원은 우리나라에서 가장 잘 알려진 서원 가운데 하나이다. 이곳의 중심 건물은 퇴계 이황(李滉, 1501~1570)이 설계하고, 후학들을 지도했던 도산서당이다.

도산서원은 퇴계가 돌아가신 후 도산서당을 보존한 상태에서 그 제자들에 의해 조성된 건축물들이다. 이곳 도산서원의 강당인 전교당에는 계단이 2개 보인다. 왼쪽(동)은 오르는 계단이며, 오른쪽 (서)은 내려오는 계단이다. 무심코 지나칠 계단에서조차 동입서출 원리가 적용되어 삶의 방식에 영향을 미치고 있다는 것이 놀랍다.

안동 도산서원의 강당인 전교당(계단을 오르내리는 법칙)

● 조선왕릉의 정자각 출입

조선왕릉에서 눈에 띄는 대표적인 조형물은 정자각이다. '정자각'이란 하늘에서 보았을 때 지붕 형태가 고무래 정(丁) 자를 닮았다 하여 붙여진 이름이다.(일반적 견해) 왕릉 제례와 같은 공식 행사는 모두 이곳 정자각에서 이루어진다. 이 내용을 알고 싶다면 홍살문에서 정자각까지 걸어가는 동선에 대한 약간의 상식이 필요하다.

홍살문 앞에 길게 두 줄로 설치된 길(향어로, 예전에는 참도)은 정자각 앞에서 동쪽으로 꺾인다. 왕릉 설계자의 의도대로 동쪽으로 걷다 보면 정자각과 연결된 2개의 계단을 만나게 된다. 이 계단을 신계(神階)와 동계(東階)라 부른다. 신계는 신(실제로는 향과 축문을 가진 제관)이 다니는 계단으로 화려하게 조성했지만, 동계는 임금이 올라가는 계단으로 평범하게 만들었다. 이후 발생하는 모든 제례 행사는 정자각 내부에서 치러진다. 그런데 서쪽(왼쪽)을 보니 내려가는 계단이 1개뿐이다. 왜일까?

이렇게 조성한 이유는 돌아가신 선왕에 대한 제사가 정자각 내에서 끝이 나면 조금 전에 올라온 신[영혼]은 원래의 자리[봉분]로 가야 하므로 내려가는 계단은 당연히 없는 것이다. 오직 참배하러 온 임금만 내려가면 되므로, 서쪽에는 계단을 1개만 설치했다. 이것이 동입서출의 원리에 입각한 건축물 배치법이다.

왕릉 홍살문에서 바라본
정자각 및 능침구역

향어로로 걷다가
정자각 앞에서
동쪽으로 이동

향어로의 끝 지점에서
2개의 계단과 만난다

44

정자각에 오르는 2개의 계단
(신계와 어계)

정자각에서 바라본 능침
(왼쪽)

제례의식을 마치면
영혼은 정자각 뒤편에 설치된
다리(신교)를 건너
봉분으로 돌아간다.
(오른쪽)

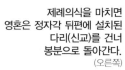

제례를 마친 임금은
서쪽 계단으로 내려온다.

정자각과 계단에 관한 또 다른 해석도 있다.

제례의식에 참석한 임금은 동쪽 계단을 이용하여 정자각 위로 올라온 후 제례상이 차려진 정자각 내부로 들어간다. 이때 정자각 3칸 문 안으로 들어갈 때 동쪽 문으로 들어가서 제례를 치른 후 서쪽 문으로 나와서 다시 올라왔던 계단으로 내려간다. 이를 동입서출이라고 한다. 참고로 정자각 3칸 문 가운데 중앙 문은 신문(神門)으로서 오직 신 만이 다니는 통로이다.

한편, 정자각 서쪽에 계단이 1개뿐인 것은 제례가 끝난 후 제관이 축문을 태우기 위해 만든 장소인 예감(瘞坎)이 있는 쪽으로 내려가기 위해 만든 계단이다.

정자각 출입 시 동입서출

제2장

동양의 우주관

1. 음양오행(陰陽五行)

음양오행이란 음양과 오행의 합성어다. 원래 음양이란 산의 북쪽[응달]과 남쪽[양달]을 가리키는 말이었다. 그러나 고대 중국에서 천지 만물의 변화를 기(氣)의 모임과 흩어짐에 의해 설명하는 사고방식이 성립되면서 음양은 이원론적인 학문으로 발전해 오늘에 이르고 있다. 오행이란 음양에서 파생된 나무[木], 불[火], 흙[土], 쇠[金], 물[水] 등 5가지 기운의 움직임으로 우주와 인간 생활의 모든 현상을 해석하려고 했던 사상이다.

음양과 오행이 초기에는 독자적으로 발전했으나 중국의 전국시대에 하나의 사상체계로 통합되었고, 이를 제(齊)나라 추연이 철학체계로 구축하였다. 이후 이 이론은 송나라 성리학자 주돈이(1017~1073)의 저서인 『태극도설』에 의해 획기적으로 발전하게 된다. 그는 음양오행을 태극과 관련지어 설명했다. 그의 태극도설에 따르면, '태극이 음양을 낳고 음양이 오행을 낳는다.'는 구도로 음양오행을 이해했다.

성리학을 바탕으로 건국한 조선에서도 음양오행의 원리는 유교 교리와 더불어 발전했다. 조선 초기에 제작된 훈민정음해례본에도 이를 뒷받침할 내용이 명확하게 나타나 있다. 해례본에 의하면,
"천지의 도는 오직 음양오행뿐이다. (중략) 그러므로 사람의 소리에도 다 음양의 이치가 있는데 사람이 살피지 않을 뿐이다."라고 언급했다.

조선 중기 이후 이러한 사상들은 조선 성리학자들에게 큰 영향을 끼쳤으며 오늘날까지 한국인의 정신세계뿐 아니라 의식주 및 생활 전반에 스며들어 있다.

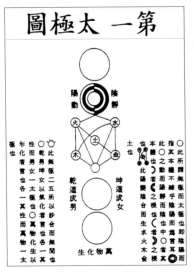

퇴계 이황의 『성학십도』 중 제1태극도
태극도는 성리학자들의 우주관을 압축시킨 그림이다.

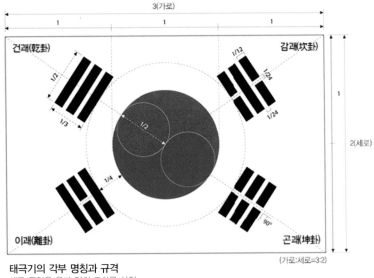

태극기의 각부 명칭과 규격
태극 문양은 음과 양의 조화를 상징

그럼 먼저 음양(陰陽)에 대해서 알아보자.

양(陽)이란, 밝고 역동적이고 단단한 기운을 말하며, 음(陰)은 어둡고 정적이며 부드러운 기운을 말한다. 이 음과 양이라는 2가지 명제로 자연 현상과 인간의 운명을 해석하는 것이 음양론이다. 여기서 말하는 음양이란 눈에 보이는 사물이나 물질을 지칭하는 것이 아니라 사물에 내재되어 있는 기운을 언어로 표현한 것이다. 여기서 기운이란, 실제 그 형체를 말하는 것이 아니라 그 본질에 내재된 기질을 말한다. 우리가 사용하는 한자어(漢字語)에 조금만 관심을 기울여 본다면 음양의 원리를 금방 알아챌 수 있다. 그 이유는 한자어는 글자 체제가 거의 음양의 원리로 구성되어 있기 때문이다. 언어는 한 민족의 사유체계를 이해하는 중요한 요인이 된다. 소리글자인 한글이 뜻글자인 한자어를 만났을 때 우리의 언어체계는 더욱더 깊어진다. 한자어가 우리에게 중요한 것은 바로 이 때문이다. 다음 표를 보자.

한자어에 나타나는 음양

양(陽)		음(陰)	
天	하늘	땅	地
日	해	달	月
男	남자	여자	女
左	왼쪽	오른쪽	右
靑	청색	백색	白
火	불	물	水
生	살다	죽다	死
奇數	홀수	짝수	偶數
動	움직임	고요함	靜
開	개방적	폐쇄적	閉

위에서 보듯 하늘, 해, 남자, 왼쪽, 그리고 불 등은 모두 양(陽)의 영역에, 땅, 달, 여자, 오른쪽 그리고 물은 모두 음(陰)의 영역에 속해있다. 천지, 일월, 남녀, 좌우 등등 두 개의 글자는 마치 하나의 단어처럼 자연스럽게 사용되고 있다. 이들은 반대의 개념이 아니고 함께 더불어 살아가는 글자이다. 이들의 관계에서 보듯 음양은 상대적 순환적이며 또한 반복적인 성격을 띠고 있다. 그러나 무엇보다 음양의 이론에서 중요시하는 것은 조화로움이다. 음양의 조화가 깨지는 순간 자연의 질서는 파괴되며 인간은 질병에 시달리게 된다. 따라서 우리의 선조들은 음양의 조화를 통한 자연과 인간이 하나가 되는 천인합일(天人合一)의 사상을 동양철학의 최고 경지로 삼아 닮으려고 했다. 이러한 음양의 조화가 우리 문화재 속에 어떤 형태로 담겨 있는지 알아보기로 하자.

● 궁궐 건축에서 본 음양의 조화

한양은 음양오행 및 풍수지리를 근거로 설계된 계획도시이다. 수도를 건설할 때 가장 우선시 했던 조형물은 종묘와 사직단이었다. 이 가운데 종묘는 조선 왕실이 가장 신성시하는 공간이었다. 이곳의 중심 건물은 정전이다.

정전의 길이는 101m에 달하며 건물 좌우에는 직각으로 꺾인 형태로 월랑이라는 건물이 놓여있다. 동월랑은 벽면이 노출된 개방형이지만 서월랑은 벽면을 막은 폐쇄형이다. 이런 형태는 정전의 서쪽에 위치한 별묘 영녕전에서도 마찬가지다. 정전이든 영녕전이든 모두 음양의 조화를 염두에 둔 건축물임을 알 수 있다.

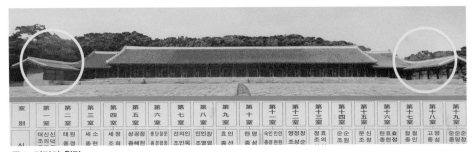

종묘 정전의 월랑
동월랑은 개방적, 서월랑은 폐쇄적으로 설계하여 음양의 조화를 맞추었다(영녕전도 마찬가지다).

종묘 영녕전의 월랑(출처 : 문화재청 홈페이지)

경복궁은 서울 시내에서 가장 많은 관광객이 찾는 명소 가운데 한 곳이다. 이곳의 핵심 공간은 근정전이다. 근정전에 들어가기 위해서는 근정문을 통과해야 한다. 근정문은 중앙의 어칸을 포함한 3칸 대문이 있고, 3칸 옆으로 작은 문 2개가 있다. 이 작은 문을 통해서 신하들은 출입을 한다. 왼쪽 동쪽 문의 현판에는 '일화문[햇빛문]'이라고 쓰여 있고 오른쪽 서쪽 문의 현판에는 '월화문[달빛문]'이라고 쓰여 있다. 동쪽 문은 문신들이, 서쪽 문은 무신들이 출입하게 되어 있다. 이렇게 신하들이 출입하는 문의 현판에도 해와 달처럼 글씨를 써서 음양의 조화를 맞추려고 했다.

경복궁 근정문

월화문 (무신들의 출입문)

일화문 (문신들의 출입문)

경복궁을 방문했으면 궁궐 내 가장 깊숙이 위치한 건청궁을 찾아가 보자. 필자의 경험에 의하면 건청궁은 우리 국민보다 외국인 특히 일본인들이 더 많이 방문하는 것 같다. 이곳은 조선 제26대 왕인 고종이 경복궁을 복원하면서 새로 사대부가(士大夫家)를 모방해 지은 건물이다. 안채와 사랑채로 구분을 해서 안채에는 왕비, 사랑채는 왕의 거처로 사용했다. 각각의 건물에는 누마루가 설치되었는데 그 기둥의 형태가 사랑채는 개방형, 안채는 폐쇄형으로 만들었다. 이런 형태는 창덕궁 내부에 있는 연경당에도 똑같이 적용된다. 이 또한 음양의 조화를 중시한 왕실 건축물의 사례들이다.

경복궁 건청궁 입구

경복궁 건청궁 추수부용루 (왕의 공간)

경복궁 건청궁 옥호루 (왕비의 공간)

54

● 사찰 내부에 보이는 음양의 조화

불교가 전래된 이래 탑은 가람배치의 가장 중요한 조형물로 자리잡게 된다. 일반적으로 탑의 층수를 정할 때는 3, 5, 7층과 같이 홀수를 사용하며 땅에 닿는 평면은 4각, 8각 등 짝수를 사용하고 있다. 홀수는 하늘의 수를, 짝수는 땅의 숫자를 의미한다.

불전사물(佛殿四物)이란 불교 의식 때 사용하는 대표적인 도구로 범종, 법고, 운판, 목어를 말한다. 범종은 명부세계의 중생을, 북소리는 모든 축생을, 목어소리는 물속 생물을, 운판은 날짐승을 제도한다는 의미가 있다. 이 가운데 법고[북]는 그 재료가 소가죽으로 암소와 수소의 가죽을 양면에 사용한다. 이 또한 음양의 조화를 염두에 둔 불교 조형물이다.

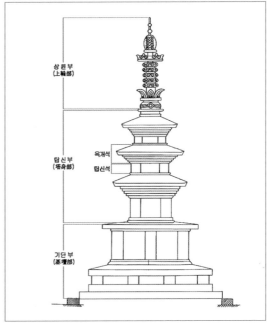

탑의 명칭
탑의 층수는 탑신부와 관련이 있다. 옥개석+탑신석 = 1층

불전사물 (범종, 법고, 목어, 운판)

55

지금까지는 넓은 의미에서 음양의 개념 및 그 역사성과 활용에 대해 살펴보았다. 그러나 이런 음양의 범주도 좀 더 세밀하게 분석해 보면 세포분열과 같이 음과 양 속에 또 다른 음양이 존재하고 있음을 알게 된다. 즉, 양 속에 음양이, 음 속에 음양이 존재한다는 것이다. 이를 달리 표현하면 인간은 남자와 여자로 구분을 하지만 그 기질을 보면 남성 가운데 여성스러운 면을 지닌 자가 있고, 여성 가운데 남성스러운 면을 지닌 자도 있다는 뜻이기도 하다. 이러한 양면성은 인간을 포함해 모든 생명체가 지니고 있는 특성이기도 하다. 이를 이론적으로 정리하는 과정에서 '양' 속에 있는 양을 목(木), 음을 화(火), 그리고 '음' 속에 있는 양을 금(金), 음을 수(水)라고 정한 후 '양'의 기운이 '음'의 기운으로 전환시 매개체 역할을 하는 부분을 토(土)라고 설정했다. 이런 과정을 거쳐서 〈목-화-토-금-수〉라는 새로운 용어가 탄생했는데 이를 '오행(五行)'이라고 한다.

오행이란 목, 화, 토, 금, 수 다섯 가지로 음과 양에서 분화되어 우주의 삼라만상을 형성하는 활동적 원소(元素)를 말한다. 이들은 우주 공간 내에서 순기능, 역기능과 같은 상호 간의 작용을 통해 만물을 생성, 변화시킨다.

이는 동양에서 시간과 공간을 가리킬 뿐 아니라 인간 도덕성의 기준도 된다. 이에 더하여 오행은 조선시대 유교 덕목인 오상(五常), 신체의 오장(五臟), 맛의 오미(五味), 목소리의 오음(五音) 등 우리 생활의 거의 모든 분야에 응용되면서 우리의 삶과 문화에 커다란 영향을 끼치고 있다.

그렇다면 오행의 구체적인 특징은 무엇인지 알아보자.

- **목(木)** : 목(木)은 위로 쭉 뻗어 강하게 올라가는 기운을 의미한다. 나무는 땅에서 하늘을 향해 뻗어 올라가며 자라므로 위로 곧게 올라가는 기운을 목(木)에 비유한 것이다. 따라서 계절은 초목이 땅을 뚫고 위로 싹을 틔우는 봄이 되며, 방위로는 아침에 태양이 솟아오르는 동쪽이 된다.

- **화(火)** : 화(火)는 주변에 확산하는 기운을 의미한다. 불을 피우면 빛과 열기가 사방으로 퍼지므로 주변으로 확산하는 기운을 화(火)에 비유한 것이다. 계절은 나무들이 무성하게 자라는 여름이 되며, 방위로는 태양이 작열하는 남쪽을 나타낸다.

- **토(土)** : 토(土)는 수렴하고 발산하는 기운을 의미한다. 흙의 본성에는 여러 가지 기운을 포함하여 균형을 잡아주는 성질이 있다. 따라서 토에는 목, 화, 금, 수의 기운을 골고루 함유하고 있다. 계절로는 환절기에 해당하여 다음 계절로 이동하는 중간 단계라고 하겠다. 방위로는 균형을 잡아주는 중앙에 위치한다.

- **금(金)** : 금(金)은 변형되고 수축하려는 기운을 의미한다. 금속의 본성에는 수축하려는 기운이 있으므로 이런 기운을 금(金)에 비유한 것이다. 계절로는 가을이 된다. 따라서 가을이 되면 모든 물체는 중심을 향하여 움츠리는 현상을 보이는 것도 금의 기운 때문이다. 방위로는 해가 지는 서쪽을 나타낸다.

- **수(水)** : 수(水)는 응축하고 결속되는 기운을 의미한다. 물의 본성이 여기에 부합되므로 이런 기운을 수(水)에 비유한 것이다. 계절로는 겨울이 된다. 따라서 겨울이 되면 온도는 내려가고 모든 생명체는 거의 활동을 중지하고 다음 계절을 위해 준비 과정에 돌입하는 단계라고 하겠다. 방위로는 북쪽을 나타낸다.

● 오행과 방위 및 숫자 - 조선은 목(木)을 표방한 국가

조선을 '목(木)의 나라'라고 부르는 까닭은 중국의 입장에서 볼때 동쪽에 위치하고 있기 때문이다.

따라서 고전 작품에 동(東)이라는 글자가 나타나면 그것은 조선을 의미하는 것이다. 예를 들어 동방예의지국(東方禮儀之國), 동국이상국집(東國李相國集), 동국정운(東國正韻), 동의보감(東醫寶鑑), 동문선(東文選), 동사강목(東史綱目)이라 할 때 앞의 글자 동방(東方), 동국(東國), 동의(東醫), 동문(東文), 동사(東史) 등이 대표적인 사례이다.

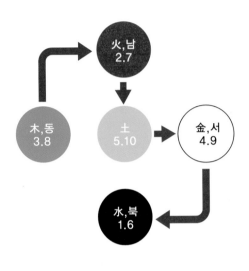

한편, 목(木)을 표방한 조선은 유난히 3, 8 숫자를 선호했다. 삼정승(영의정·좌의정·우의정), 삼사(홍문관·사헌부·사간원), 3년마다 과거를 보는 식년시를 시행하고, 전국을 8도로 나누고, 5일장을 개최하는 것은 모두 음양오행설과 깊은 관련이 있다.

● 오행과 계절

오행을 통하여 계절을 배정할 수도 있다. 문화재 현장에서 현판에 봄, 여름과 같은 글자가 있다면 그것은 단순한 봄, 여름이 아니라 그 속에 동쪽, 남쪽과 같은 의미가 내포되어 있다. 이 원칙을 알고 궁궐의 현판을 보면 우리 선조들의 생각을 알게 된다.

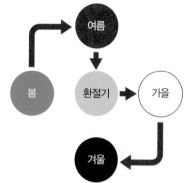

강호애 병이 깁퍼 듁님에 누엇더니
관동 팔백니에 방면을 맛디시니
어와 성은이야 가디록 망극하다.
연추문(延秋門) 드리 다라 경회 남문 바라보며
하직고 믈너나니 옥절이 알픠 셧다.

– 관동별곡 (정철) –

윗글은 고등학교 교과서에 등장하는 조선 가사문학의 백미 관동별곡의 첫 부분이다. 이 글에서 '연추문(延秋門)'은 경복궁의 동서남북 문 가운데 어느 대문일까? 현판 글씨의 '가을 추'가 결정적 힌트가 된다. 바로 경복궁의 서쪽 문임을 알 수 있다. 동쪽 문의 현판에는 봄 춘(春) 자를 사용한 '건춘문(建春文)'이다. 궁궐 성문의 이름을 이렇게 작명한 것이 조선 사대부들이 지향했던 성리학적 사고(思考)였다.

건춘문 (경복궁의 동문)
영추문 (경복궁의 서문)

정면에서 바라본 영추문

● 오행과 색깔

수원화성에 가 본 적이 있습니까? 수원은 우리나라 최초로 계획된 신도시다. 본래 경기도 화성 화산(花山) 아래에 있었던 수원은 1789년 정조 임금의 명에 따라 지금의 수원 팔달산 아래로 옮겨졌다. 뒤주 속에 갇힌 채 참혹한 죽임을 당한 아버지 사도세자의 무덤을 화산 아래로 천장 한다는 것이 표면적 이유였으나 정작 정조는 자신이 이상으로 꿈꾸고 있던 왕권 사회를 실현할 초석으로 신도시를 건설하고자 했다.

수원화성의 남문인 팔달문
붉은 색 깃발을 통해 팔달문은 남문이라는 것을 알 수 있다.

정조의 이상, 효심, 애민 정신이 깃든 수원은 지난 1997년 유네스코 세계문화유산으로 등재된 후 해마다 국내외 많은 관광객이 방문하는 꿈의 도시이다. 이곳을 답사할 때는 수원화성이 지닌 인문학적 가치 및 건축에 대한 지식을 알고 접근하는 것도 필요하지만 전 구간에 걸쳐 널려있는 깃발의 색깔에 유념할 필요가 있다. 색깔이 바로 현 위치의 방위를 알려주기 때문이다. 즉, 푸른색의 깃발은 동쪽, 붉은색은 남쪽, 흰색은 서쪽 그리고 검은색의 깃발은 북쪽을 상징적으로 나타내고 있다.

방위	東	南	中央	西	北
대문	동대문	남대문	종각	서대문	북대문
오상	興仁之門	崇禮門	普信閣	敦義門	肅靖門

• 흥인문 (興仁門) (조선 태조) … 흥인지문 (興仁之門) (조선 고종)
• 숙청문 (肅淸門) (조선 태조) … 숙정문 (肅靖門) (조선 중종) [靖 고요할 정 = 智 지혜로울 지]

한양도성의 정문이자 남문인 숭례문

조선의 수도 한양의 사대문은 사람이 드나드는 성문 이상의 의미를 지녔다. 유교를 중시한 조선은 인(仁), 의(義), 예(禮), 지(智), 신(信) 5대 덕목을 성곽의 대문 이름에 하나씩 담았다. 동문에는 흥인문(興仁門), 남문에는 숭례문(崇禮門), 서문에는 돈의문(敦義門) 그리고 북문에는 지(智)의 뜻이 담긴 '정(靖)'을 사용했다. 사대문의 한가운데에는 보신각을 세워 유교의 마지막 덕목인 신(信)의 상징으로 삼았다. 즉, 출입할 때 문 이름을 보거나, 종소리를 들으면서 사람이 늘 지켜야 할 다섯 가지 도리인 오상(五常)을 새기도록 한 것이다. 이것이 조선이 지향하는 유교적 이상 국가의 한 형태였다.

2. 천간(天干) 지지(地支)

2021년 신축년(辛丑年)은 상서로운 흰소의 해이다. 신축년의 신(辛)은 오행상 금(金)으로 색은 흰색이며, 축(丑)은 소를 상징한다. 따라서 흰소가 된다. 2014년은 갑오년(甲午年) '청마의 해', 2016년은 병신년(丙申年) '붉은 원숭이의 해', 2019년은 기해년(己亥年) '황금 돼지의 해' 등 한국의 띠 문화는 문화의 복합체로서 과학기술의 발달 여부와 상관없이 우리의 일상생활에 지대한 영향을 끼쳐왔다. 청마의 해, 붉은 원숭이의 해, 그리고 황금돼지의 해와 같은 것은 어떻게 해서 정해질까?

● 천간 지지

2021년은 신축년(辛丑年) 소띠해이다. 우리는 학창 시절 국사 시간을 통해 갑오개혁, 을미사변(명성황후시해사건), 임진왜란 등과 같은 역사적 사건들을 익혀왔다. 여기서 앞에 붙은 '갑오(甲午)' '을미(乙未)' '임진(壬辰)' 등은 연도와 관련된 말이다. 우리 선조들은 연도를 언급할 때 1894년이라 하지 않고 '갑오년(甲午年)'이라 불렀다. 그러면 상대편에서도 1894년이라고 이해했다. 이렇게 어느 해에 붙이는 한자 이름 두 글자를 '간지(干支)'라고 한다. 간지는 '천간'과 '지지'를 합해 부르는 말이다.

천간은 하늘의 변화하는 이치가 담긴 양(陽)의 기운이며, 지지는 땅의 변화하는 이치를 나타낸 음(陰)의 기운이다. 이러한 음양의 기운이 짝을 이루어 삼라만상의 무궁한 조화를 이루어낸다. 천간은 10자로 구성되어 있으며 지지는 12자로 구성되어 있다.

• 간지를 쓰는 원리

천간은 모두 10개의 글자로 구성되어 있어 십간(十干), 지지는 12글자로 구성되어 있어 십이지(十二支)라 부른다. 간지를 만드는 방법은 아래처럼 십간과 십이지에서 하나씩 따서 순서대로 붙이면 된다.

천간	甲	乙	丙	丁	戊	己	庚	辛	壬	癸		
지지	子	丑	寅	卯	辰	巳	午	未	申	酉	戌	亥

• 60갑자

양과 음의 기운을 지닌 10천간과 12지지가 차례로 짝을 맺어 합해지는 글자 수는 총 60가지이다. 이를 갑자(甲子)라고 하며, 모두 60개로 이루어져 60갑자 혹은 환갑이라 부른다. 태어난 해와 60년 후 돌아오는 해인 환갑(還甲) 간지는 같다. 아래 표를 볼 때 간지는 모두 60가지가 된다. 직접 대입할 수도 있지만, 초등학교 때 배운 약수와 배수를 적용하면 쉽게 알 수 있다.

60갑자

갑자	을축	병인	정묘	무진	기사	경오	신미	임신	계유	갑술	을해
병자	정축	무인	기묘	경진	신사	임오	계미	갑신	을유	병술	정해
무자	기축	경인	신묘	임진	계사	갑오	을미	병신	정유	무술	기해
경자	신축	임인	계묘	갑진	을사	병오	정미	무신	기유	경술	신해
임자	계축	갑인	을묘	병진	정사	무오	기미	경신	신유	임술	계해

10과 12의 최소공배수? ⋯▸ 60

10의 배수 : 10, 20, 30, 40, 50, **60**, 70, 80, 90, 100, 110, **120**, ……

12의 배수 : 12, 24, 36, 48, **60**, 72, 84, 96, 108, **120**, ……

천간은 10년마다, 지지는 12년마다 한 번씩 돌아온다. 10과 12의 배수를 나열해 보면 최소공배수는 60이 된다. 같은 간지가 돌아오려면 60년이 걸린다. 자기가 태어난 해와 60년 후의 간지가 같기 때문에 한국식 나이로 61번째 생일을 '환갑' 혹은 '회갑'이라 부르고 축하하는 것이다.

지금부터 천간 10글자와 띠 동물 12글자를 통해 생활 속에 숨어있는 다양한 이야기들을 알아보자. 먼저 천간 10글자, 지지 12글자를 정리한 것이 다음의 표이다.

천간	甲갑	乙을	丙병	丁정	戊무	己기	庚경	辛신	壬임	癸계
숫자	4	5	6	7	8	9	0	1	2	3
색깔	청색		적색		황색		흰색		검정	

지지	寅인	卯묘	辰진	巳사	午오	未미	申신	酉유	戌술	亥해	子자	丑축
동물	범	토끼	용	뱀	말	양	원숭이	닭	개	돼지	쥐	소
방위	동			남			서			북		

먼저, 천간 글자 10개와 그 아래에 있는 숫자, 그리고 지지에 있는 12개의 띠 동물의 순서와 의미를 기억하자. 이들은 초등학교 때 구구단 외우듯 무의식적으로 튀어나오도록 연습할 필요가 있다. 그러면 답사 현장에서 우리 문화와 관련된 서적을 읽거나 강의를 들을 때 큰 도움이 된다.

천간 첫 글자 갑(甲)에 4, 을(乙) 5, 병(丙) 6 등의 숫자가 배정된 것이 중요하다. 이 숫자는 태어난 연도의 끝자리와 밀접한 관련이 있고 변하지 않는다. 그리고 이 숫자는 색깔과도 연결이 된다. 즉, 태어난 해의 끝자리 숫자가 4 or 5에 해당하면 푸른색, 6 or 7이면 붉은색, 8 or 9는 노란색, 0 or 1은 흰색 그리고 2 or 3이면 검은색이 된다.

사례를 들어 설명하면 알기 쉽다.
1988년생 용띠 젊은이가 1990년생 말띠 아가씨와 사랑에 빠졌다. 이 젊은이가 결혼 승낙을 받으려고 말띠 아가씨 집을 방문했다. 대화 도중 느닷없이 아가씨의 할아버지가 젊은이에게 "자네 무슨 생인가?" 하고 기습적으로 질문을 했다. 젊은이는 어떤 말로 이 위기를 모면할 수 있을까? 정답은 '무진생입니다.' 이다.

간지로 태어난 해를 표현할 때는 갑자생, 을축생처럼 천간을 먼저, 지지를 나중에 말한다. 위 표에서 보듯 천간 10개 글자 밑에 숫자는 변하지 않는다. 따라서 1988년생의 천간은 태어난 해의 끝자리가 8로 끝나므로 천간은 '무(戊)'가 된다. 그리고 용띠라 했으므로 용띠를 한자로 표기하면 진(辰)이란 글자가 사용된다. 즉, 1988년생 젊은이의 태어난 해의 간지는 '무진생(戊辰生)'이 된다. 같은 원리로 1990년생 말띠 아가씨는 무슨 생이 될까? 정답은 '경오생(庚午生)'이다. 이제 간지로 태어난 해를 표현할 능력이 생겼으니, 여러분의 띠 동물에 색깔을 입혀드려야겠다. 강의 도중 띠 동물 색깔을 아는 분 있는지 질문하면 아는 분이 많지 않다. 사실 어려운 것도 아닌데 그 동안 이런 분야에 무관심했던 까닭일 것이다.

위의 천간 표에서 보듯 태어난 해의 끝자리 숫자가 색깔을 결정짓는 도구가 된다고 앞에서 언급했다. 그러므로 1988년 용띠 젊은이는 태어난 해가 8로 끝나므로 노란색이 되어 황룡이 되며, 1990년 말띠 아가씨는 같은 맥락으로 대입시켜보면 흰색 말 즉 백말띠가 된다.

위에 제시한 천간 밑에 있는 숫자는 한국사 공부를 할 때 역사적 사건의 발생년도를 암기하는 데 큰 도움이 된다. 예를 들어, 갑신정변, 갑오개혁 등의 사건들은 갑(甲)자로 시작되므로 발생 연도의 끝자리가 반드시 4로 끝난다. 갑신정변은 1884년, 갑오개혁은 1894년…… 같은 원리로 병자호란, 병인양요와 같이 '병(丙)'으로 시작되는 사건들은 그 발생 연도가 반드시 6으로 끝난다. 실제로 병자호란은 1636년, 병인양요는 1866년에 일어났다.

Q : 아래에 열거한 역사적 사건이 발생한 연도를 적어보시오.
- 임진왜란 : 159□
- 을미사변 : 189□
- 기미독립운동 : 191□

▷ **정답 :** 임진왜란 1592년, 을미사변(명성황후시해사건) 1895년, 기미독립운동 1919년

- 지지(地支)의 응용 : 계절, 시각 그리고 방위

십이지 개념은 중국의 은대(殷代)부터 시작되었으나, 방위나 시간에 대응시키면서 동물로 형상화한 것은 한(漢)나라 중기 이후다. 이후 당(唐)나라 때는 동물의 머리에 사람 몸의 형태로 의인화한 십이지가 무덤의 내부에서 발견된다. 이런 형태의 십이지가 한반도에 유입될 때는 중국과는 완전히 다른 형태를 띠게 된다. 우리나라에서 보이는 십이지는 시각의 개념으로 나타나기도 하고, 또 한편으로는 방위의 개념으로 석탑의 기단부나 무덤의 외벽에서 무덤을 지키는 호법의 신으로 등장하기도 한다.

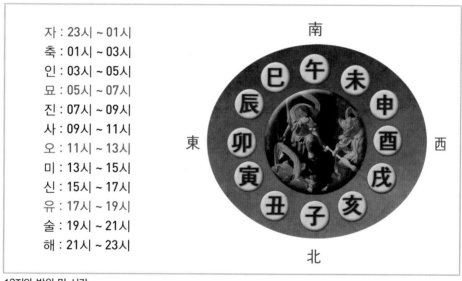

자 : 23시 ~ 01시
축 : 01시 ~ 03시
인 : 03시 ~ 05시
묘 : 05시 ~ 07시
진 : 07시 ~ 09시
사 : 09시 ~ 11시
오 : 11시 ~ 13시
미 : 13시 ~ 15시
신 : 15시 ~ 17시
유 : 17시 ~ 19시
술 : 19시 ~ 21시
해 : 21시 ~ 23시

12지와 방위 및 시각

십이지 띠 동물은 우리의 문화 현상 속에 시각과 방위의 역할을 충실히 이행했다. 주로 무덤의 병풍석이나 석탑의 기단부에 호법의 신으로 등장하는 것이 대표적인 사례지만 특이하게도 궁궐인 경복궁 근정전 월대에 가면 상월대 하월대 모두를 차지하면서 사신사와 더불어 십이지가 나타난 이 부분도 주목해 볼 필요가 있다.

Q : 경주 김유신 장군 묘를 방문했을 때 병풍석에서 '닭' 형상의 조각을 발견했다면 그곳의 방향은 어디인가?

김유신 장군의 묘 (경주시 충효동)

병풍석의 조각, 닭의 형상

(1) 동쪽   (2) 서쪽

정답은 서쪽이다. 십이지 띠 동물 가운데 동서남북에 해당하는 동물은 기억해 두면 여러 모로 편리하다. 동쪽은 토끼[卯], 남쪽은 말[午], 서쪽은 닭[酉], 그리고 북쪽은 쥐[子]다.

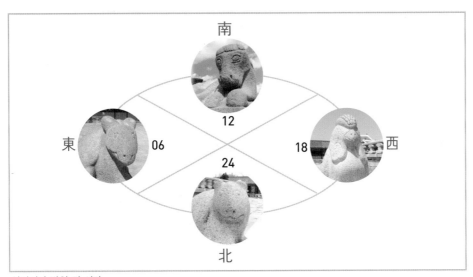

십이지와 방위 및 시각

3. 하늘은 둥글고, 땅은 네모나다[천원지방 : 天圓地方]

음양오행과 결부하여 생각해 볼 부분은 '하늘은 둥글고 땅은 모나다.' 라는 천원지방 (天圓地方) 사상이다. 하늘이 둥글다는 것은 하늘의 정신은 원만하므로 모든 것을 포 용한다는 것을 의미한다. 그것을 원으로 상징한 것이다. 땅이 모나다는 것은 평평하 다는 의미이다. 이 사상은 동양에서 천지를 인식하는 기본 틀이 되었으며 동양에서 탄생한 문화들은 이를 바탕으로 형성된 것이 부지기수이다.

● 환구단과 사직단

'환구단(圜丘壇)'[6]과 '사직단(社稷壇)' 이란 조형물이 있다. 환구단이란 천자(天子)가 하늘에 고(告)하는 제사를 지내는 제단이며, 사직단은 땅과 곡식의 신에게 제사를 지 내는 단으로 모두 조선 왕조의 정통성을 상징하는 조형물이다. 환구단은 조선 제26대 고종 임금이 국호를 조선에서 대한제국으로 변경한 후 만든 것으로 그 형상은 원형으 로 조성했다. 한편, 사직단은 조선 개국 초 도성계획을 할 때 '좌묘우사' 의 원칙에 따 라 경복궁의 서쪽에 설치하였는데 그 형상은 네모진 방형을 기본으로 하고 있다. 이는 천지를 인식하는 기본 틀인 천원지방 사상이 우리 민족의 삶 속에 깊이 녹아있다는 증 거이기도 하다.

---

6 환구단은 천자(天子)가 하늘에 제사를 지내는 제천단을 가리킨다. 명칭 표기를 환구단과 원구단으로 혼용 사용했으나, 2005년 문화재청에서 한자 표기는 《고종실록》에 기록된 '圜丘壇' 으로, 한글 표기는 고종이 제사를 지낸 1897년 10월 12일 당시 독립신문의 표기에 따라 '환구단' 으로 정했다.

사직단 대문 (보물 제177호)　　　　　　　사직단 내부

그런데, 우리 한국인들이 잘 모르는 사실이 있다. 서울시청 근처에 있는 웨스틴조선 호텔 뒤뜰에 가면 3층 8각 지붕의 조형물이 서있다. 대부분 환구단으로 알고 있는데 실제 명칭은 '황궁우'이다. 황궁우는 천제에 사용하는 신위를 모시는 환구단의 부속 건물일 뿐이다. '환구단'은 1913년 일제에 의해 철거당했고, 그 자리에 조선총독부 철도 호텔을 지었다. 그러나 해방 이후 그곳에는 웨스틴조선호텔이 자리하고 있다. 주 건물인 환구단은 사라지고, 환구단의 부속건물인 황궁우와 석고(石鼓)만이 덩그렇게 남아 호텔의 뒤뜰 역할을 하는 것이 애처롭다.

황궁우, 3층의 8각 조형물 (1899년 조성)　　　석고 (하늘에 제사 지낼 때 사용하는 악기)
　　　　　　　　　　　　　　　　　　　　　1902년(광무6년) 고종황제 즉위 40주년을 기념하여 세운 조형물.

70

● 훈민정음 이야기

훈민정음은 1443년(세종 25)에 완성해서 1446년(세종 28)에 반포한 우리의 고유한 문자이면서 세계에서 유일하게 제작자, 제작의 원리 및 목적까지 밝혀 놓은 언어이다. 글자의 숫자는 자음 17자, 모음 11자로 총 28자이다. 이 가운데 모음 글자를 만드는 세 가지 기본자가 '•' 'ㅡ' 'ㅣ'이다. '•'는 하늘의 둥근 모양. 'ㅡ'는 땅의 평평한 모양,

'ㅣ'는 사람이 서 있는 모양을 뜻한다. 이런 모양은 하늘과 땅이 순환과 교류의 과정을 통한 교감함으로써 만물이 생성되는데, 그 만물 가운데 으뜸은 인간이라는 삼재(三才) 사상을 반영하고 있다. 이는 글자의 모양이 소리를 고려했을 뿐만 아니라 동양의 독특한 우주론적 원리도 내포하고 있다는 것을 의미한다.

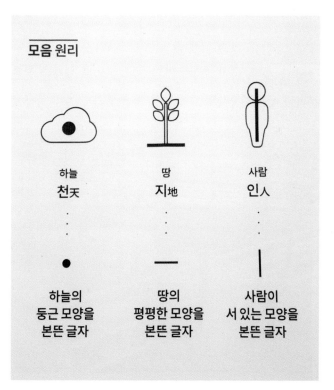

71

● 조선시대 정원의 형태

조선의 궁궐 창덕궁(昌德宮) 후원에 가면 연못 '부용지(芙蓉池)'가 있다. 부용은 연꽃의 다른 이름이다. 이 연못은 동서 길이가 34.5m, 남북 길이가 29.4m에 이르는 네모반듯한 형태로 중앙에는 연못을 팔 때 나온 흙으로 섬을 조성하였는데 그 모양을 둥글게 했다. 네모난 연못과 둥근 섬은 '하늘은 둥글고 땅은 네모나다'는 천원지방 사상을 반영한 것이다. 이런 형태의 연못은 조선 성리학자들의 주 무대였던 서원, 정자, 양반가 정원 등에서 쉽게 볼 수 있다. 그런데 이러한 상징성만 가지고 우리 문화를 말할 수는 없다. 우리 조상들의 뛰어난 두뇌로 제작한 실용성[7]도 함께 설명할 때 우리 문화에 대한 자긍심과 그에 따른 파급 효과도 기대 이상이 될 것이다.

천원지방의 원리가 담긴 연못 (용인시 심곡서원)

---

7 네모난 연못에 중간이 비어 있으면 입수구에서 들어온 물은 바로 배수구로 빠져나가므로 양쪽 모서리 물은 썩기 마련이다. 따라서 중간에 둥근 섬을 조성함으로써 입수구에서 들어온 물이 둥근 섬에 부딪혀 좌우로 분산하는 효과를 줘 물이 썩는 현상을 방지할 수 있다. 연못 주변에 나무를 심는 것 또한 온도 조절을 통한 연못 내부의 녹조 현상을 방지하고자 하는 선조들의 지혜가 반영되어 있다.

● 화폐의 형태

Q : 아래 단어의 공통점은 무엇일까요?

건원중보(乾元重寶), 　 해동통보(海東通寶), 　 상평통보(常平通寶)

모두 화폐 이름이다. 건원중보 및 해동통보는 고려시대에, 상평통보는 조선시대에 제작된 화폐다. 건원중보는 고려 성종 때 만든 우리나라 최초의 화폐로 의미가 있으며, 상평통보는 전국적으로 유통된 조선시대에 제작된 공식 화폐다. 화폐 이름 끝에 보(寶)가 붙은 것은 동전이라는 뜻이다.

조선시대 제작된 화폐의 형태　　　　　　　　　　　　　　　상평통보

이 화폐들의 모양은 모두 둥근 엽전으로 가운데 정사각형 구멍을 뚫어 놓았다. 이는 화폐가 하늘과 땅 사이를 굴러다니면서 여러 사람을 두루두루 이롭게 하라는 뜻으로 제작된 것이라 판단된다. 지구상 수많은 화폐 가운데 이런 심오한 사상이 담긴 화폐의 형태가 다른 나라에도 있는지는 잘 모르겠다.

● 목조 가옥의 기둥

조선은 성리학을 통치이념으로 세운 국가다. 성리학이란 우주 만물의 질서와 인간의 심성을 철학적으로 탐구하는 학문이다. 이런 관점에서 볼 때 인간은 소우주였다. 그러니 소우주인 인간이 거주하는 집 내부에 우주의 원리가 담겨있는 것은 당연할 것이다. 그 역할을 담당하는 것 가운데 하나가 한옥의 기둥 부분이다.

기둥의 형태를 보면 원기둥과 네모진 각기둥이 있다. 원기둥은 하늘의 기운을 상징하여 주로 공적인 건물[8]에 사용되며, 네모진 각기둥은 사적인 공간인 침전이나 일반 민가에서 사용했다. 민가 건물에서 원기둥을 보기 어려운 이유는 신분제 사회인 조선에서 건축법으로 철저하게 금지했기 때문이다.

만약 궁궐에 가거든 왕의 집무공간인 정전과 편전 그리고 침전의 기둥을 비교해 보라. 경복궁의 정전 건물인 근정전, 편전 건물인 사정전의 기둥은 둥근 기둥이지만, 침전인 강녕전 및 교태전의 기둥은 사각 기둥으로 조성되어 있다. 알고 보면 어느 것 하나 소홀함이 없는 것이 우리 문화재다.

경복궁의 정전인 근정전 – 원기둥

경복궁의 침전인 강녕전 – 사각기둥

---

8 조선의 궁궐 창경궁의 정전은 명정전, 편전은 문정전이다. 두 건물 모두 공적인 건물인데 편전인 문정전의 기둥은 사각기둥이다. 그 이유를 지금도 잘 모르겠다.

4. 28수[宿], 33천(天)

세계를 무대로 살아가려면 고전을 아는 것은 매우 중요하다. 오늘날 젊은이들은 자기가 태어난 띠는 몰라도 자기 별자리는 알고 있다. 별자리는 황도 12궁을 근거로 제작한 서양 점성술이다. 서양에 황도 12궁이 있다면 동양에는 28수가 존재한다. 황도 12궁이나 동양의 28수는 수천 년 된 소중한 인류 문화유산이다.

동양 문화권에서 28은 하늘의 별자리를 상징하는 숫자이다. 그래서 28수[宿]는 하늘에서 달이 지나가는 길을 따라 만든 개념인데, 이 길을 따라서 대표적인 별자리들을 동서남북의 네 방향에 각각 7개씩 정하여 총 28개의 영역으로 나누어 각기 다스리고 지킨다는 뜻이 포함되어 있다. 그래서 한자어 宿(잠잘 숙)을 사용하면서 '잠잘 숙'으로 읽지 않고 지킬 수(守)의 뜻을 강조하여 28수라고 읽는다.

우리나라 고유 민속놀이 가운데 윷놀이가 있다. 주로 정월 대보름 때 행해진다. 윷놀이 판을 보면 한가운데 북극성을 상징하는 곳을 기준으로 사방 28개의 원이 있다. 이는 북두칠성이 시계 반대 방향으로 돌아가는 원리대로 하는 놀이이다. 이 놀이에는 우리 민족이 하늘의 자손 즉 천손(天孫)이라는 의식이 깔려있다.

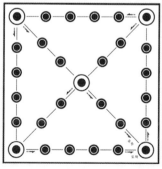

윷판과 윷

한편, 불교의 우주관에 의하면 우주에는 28개의 하늘[天]이 있고, 그 가운데 밑에서 두 번째 단계의 하늘[天]을 '도리천'이라고 한다.

도리천은 세상의 중심에 솟아 있다는 상상의 산인 수미산 꼭대기에 있는 하늘[天]로 동서남북 사방에 각각 8개의 궁전이 있고, 중앙에 제석천왕이 거주하는 큰 궁전이 있어 도리천을 33천세계라고도 한다. 여기서 하늘[天]은 신(神)들이 사는 곳 정도의 의미로 볼 수 있다.

28천과 33천(도리천)은 표현상 같은 하늘이지만, 28천은 수직적인 개념인 반면에 33천은 28천 가운데 두 번째 하늘로 수평적으로 펼쳐진 하늘로 볼 수 있다.

불심(佛心)이 깊었던 신라인들은 33천에 오르면 그곳이 불국토라고 생각하여 신라 제27대 선덕여왕이 사후 가고 싶어 했던 곳도 33천 세계였으며, 삼국유사 '만파식적조'에 보면 수미산의 꼭대기 33천의 천인(天人)이 신라에 태어 났는데, 그 분이 바로 김유신(金庾信) 장군이라고 기록하고 있다.

● 불국사의 청운교 백운교

33천의 하늘과 부처의 세계를 극적으로 묘사한 문화재 조형물이 불국사(佛國寺)의 청운교(靑雲橋), 백운교(白雲橋)다. 33개의 계단을 만들어 놓고, 그 위에 부처의 세계를 설정하여 신라가 명실상부한 부처의 나라임을 만 천하에 공포한 사찰이 불국사다.

계단을 다리라고 한 것은 속세로부터 부처의 세계로 건너간다는 것을 상징적으로 표현했기 때문이다. 이것을 구조적으로 알 수 있는 것은 바로 계단 밑에 홍예를 설치하여 공간을 만들어 줌으로써 건너간다는 의미가 충분히 전달되도록 하였다.

불국사 청운교 백운교

청운교 백운교의 홍예
무지개 같이 휘어 반원형의 꼴로 쌓은 구조물을 '홍예'라 한다.

그렇다면 청운교 백운교의 계단 숫자는 몇 개일까? 바로 33개이다. 그런데 현장에서 실제 계단 숫자를 헤아려보면 위쪽 청운교는 16단, 아래쪽 백운교는 18단 총 34개의 계단으로 조성되어 있다. 불국사를 복원할 때 잘못한 것인지, 원래 34개의 계단인데 우리가 33개의 계단으로 잘못 알고 있는지 함께 고민해 볼 문제이다.

● 훈민정음(訓民正音)의 구성

훈민정음의 원래 글자 수는 총 28자이다. 이는 하늘의 별자리 숫자인 28수의 기운이 골고루 섞인 하늘의 소리라는 것을 의미한다. 그리고 창제 목적과 제자 원리가 담긴 훈민정음 해례본(해설서)은 모두 33장으로 이루어져 있다. 33은 불교 용어 이외에 모든 백성을 뜻하는 의미로 사용하기도 한다. 따라서 훈민정음 해례본을 33장으로 제작한 것은 모든 백성이 이 글자를 쉽게 익혀 편리하게 사용하라는 의미이기도 하다.

한글날 기념식에서 훈민정음해례의 어제(御製) 서문을 낭독하는 것을 들어보면, "내 이를 위하야 어엿삐 여겨 새로 '스물여덟 자'를 맹가노니"라는 부분이 나온다. 반면, 식이 끝날 무렵 참석자들이 부르는 한글날 노래 2절 가사에는 '스물넉 자'라고 돼 있다. 이는 1933년 지금의 한글학회 전신인 조선어학회에서 '한글맞춤법 통일안'이 제정되면서 ·ㅿㆁㆆ 넉 자를 제외한 결과이다. 이후 1940년 훈민정음 해례본이 안동에서 발견되어 우리는 훈민정음의 창제원리를 자세히 알게 됐다. 그러나 그뿐 훈민정음 해례본에 나오는 원리를 한글맞춤법 통일안에 반영하지는 않았다.[9]

세종 시대 집현전 대제학 정인지는 훈민정음 해례본 서문을 작성하면서, '한글 28자만 가지고도 변화가 무궁하여 간단히 소통할 수 있다고 했으며, 바람 소리, 학의 울음소리, 닭 우는 소리, 개 짖는 소리일지라도 모두 이 글자를 가지고 적을 수가 있다.'라고 분명히 언급했는데 왜 4자를 사장(死藏)한 24자만 현재 사용해야 하는지 그 이유를 알 길이 없다.

---

9 한글맞춤법에 '훈민정음' 창제 원리 반영하라, 변정용(동국대학교 컴퓨터공학과), 조선일보, 2013.10.9

● 조선시대 과거시험

조선시대에는 관리를 선발하기 위해 과거제도를 시행했다. 과거는 문과, 무과, 잡과로 크게 구분하지만, 문(文)을 숭상하는 경향이 크기 때문에 보통 과거라 하면 문과를 말할 정도로 그 비중이 컸다. 3년마다 정기적으로 치르는 식년시(式年試)[10]와 부정기 시험인 증광시 알성시와 같은 별시로 구분한다.

선발 인원을 보면 문과의 경우, 소과의 초시 및 복시를 거쳐 대과[문과] 초시에서 도별 인구비례로 240명을 선발하여 2차 시험인 복시에서 성적순으로 33명을 선발한다. 마지막으로 임금님 앞에서 실시하는 전시에서 최종 등수가 매겨진다(갑 3명, 을 7명, 병 23명). 무과의 경우, 무인을 선발하는 시험으로 오늘날 육해공군 사관생도나 학사장교 등 군인을 선발하는 시험이다. 무과의 경우 소과와 대과의 구분이 없는 단일 과로서 초시, 복시, 전시의 3단계가 있었으며 장원은 선출하지 않았다. 무과의 복시는 28명을 최종적으로 선발하였다. 전시에서는 복시 합격자 28명을 그대로 급제케 하되 등급만 정하였다(갑과 3명, 을과 5명, 병과 20명).

임진왜란, 병자호란을 공부하면서 조선의 무인들은 나약하고 무능했다고 생각하기 쉽다. 그러나 3년에 28명만을 선발하는 것을 오늘날 실시하는 장교 선발 시험과 비교해 보라. 조선의 지휘관들은 결코 나약하지도 무능하지도 않았다는 것을 시험 선발 과정만 면밀히 살펴보더라도 충분히 알 수 있다.

---

10 식년시 : 십이지 가운데 자(子) 묘(卯) 오(午) 유(酉)가 드는 해를 식년이라 칭하며 3년에 한 번씩 돌아오는 이 해에 정기적으로 시험을 치렀다. 조선시대 식년시는 총 162회 실시되었다.

● 조선시대 야간 통행금지

조선시대에는 오늘날 시계의 대용으로 하루에 두 번 종각에서 종을 울렸다. 새벽 4시에 울리는 종을 '파루(罷漏)'라 하고, 밤 10시에 울리는 종을 '인정(人定, 인경)'이라 하였다. 파루가 울리면 통행금지가 해제되고, 인정이 울리면 통행금지가 시작된다. 어둠이 물러가고 아침이 오고 있다는 의미의 파루는 33번을 치지만, 어둠이 다가와 만물이 고요하다는 의미의 인정은 28번을 울린다. 오늘날 12월 31일 자정에 울리는 제야의 종소리도 33번을 친다.

● 3.1운동

3.1운동은 일제강점기인 1919년 3월 1일 일제의 강압적인 식민지 정책에 항거하여 일어난 우리나라의 민족독립운동이다. 이 당시 민족대표들이 태화관에 모여 독립선언서를 낭독했다. 이때 민족대표의 숫자는 33명이었다. 33은 모든 백성을 뜻하는 숫자이기도 하다.

3.1독립선언 유적지 (옛 태화관터 – 서울시 종로구 인사동 5길 29)

28과 33이란 숫자는 우리 문화 속에 널리 퍼져 있다. 이런 상징적 의미를 지닌 숫자들이 오늘날 우리의 뇌리에서 잊히면서 전통의 흔적들이 하나씩 사라지는 것이 안타깝다.

제3장

한국의 전통 가옥 :
한옥(韓屋)

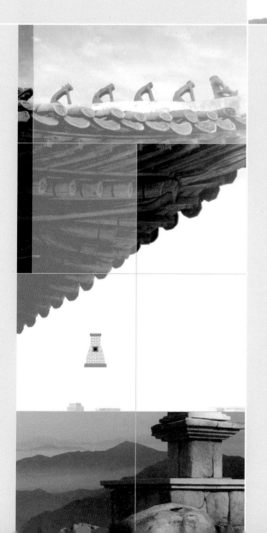

1. 한옥의 특징

한옥은 한국의 전통 건축양식으로 지은 집을 말한다. 좁은 범위로는 '주거용 살림집'이 있고, 넓은 범위로는 '한국 전통건축 전체'를 말한다.

한반도의 기후 풍토에서 한옥의 가장 큰 특징은 입지 선정이다. 자연의 기(氣)를 고려해 산을 등지고 물을 바라보는 배산임수(背山臨水) 지세에 자리 잡는다.

우리 한옥이 지닌 특징 중 하나는 온돌과 마루의 결합이다. 더운 지역의 남방 문화인 마루와 추운 지역의 북방 문화인 온돌이 만나서 이룬 독특한 양식의 건축물이다. 세계 어느 나라에도 온돌과 마루를 하나의 공간에 끌어들여 조화롭게 이용하고 있는 건축물은 없다.

온돌과 마루의 결합

한옥의 처마 또한 빼놓을 수 없는 특징 가운데 하나이다.

지붕 밑을 지탱하는 구조물인 서까래로 구성된 처마는 외벽 경계선 바깥쪽으로 노출된 지붕의 일부분으로 바람과 비를 막는 역할을 하는 동시에 계절에 맞는 냉온 기능을 한다. 여름엔 강렬한 태양 빛을 막아 집 안을 서늘하게 해 주고 겨울에는 집 안에 오랫동안 따뜻한 햇볕을 들이는 역할도 한다. 2단 구조로 된 겹처마는 부연을 달지 않은 홑처마와 달리 연목은 원형 서까래, 부연은 네모진 서까래를 사용하여 음양의 조화를 맞추고 있다.

홑처마 (사천 다솔사의 죽로지실)   겹처마 (사천 다솔사 응진전)

한옥은 나무, 흙, 돌 등 유해 화학물질이 없는 친환경 재료로 지어진다. 각종 유해물질의 독소로 인한 새집증후군이나 아토피 등 여러 가지 피부질환을 유발하는 현대의 아파트보다 훨씬 쾌적한 공간이다. 특히 한옥 지붕과 외벽에 사용되는 진흙은 한옥 디자인의 미학적 가치를 높일 뿐만 아니라 원적외선을 방출하기도 한다.

한옥의 배치는 유교적 예법과도 밀접한 관련이 있다. 즉, 예법에 따라 안채와 사랑채 그리고 행랑채로 공간을 분리했다. 남자와 여자는 내외하고, 연장자일수록 사생활이 지켜지는 좋은 방을 차지했다. 그리고 내외담을 만들어 안채와 사랑채를 구분하기도 했다.

내외담 (경주 양동마을 서백당)

또한, 한옥은 예의를 가르치는 근본 도량이며, 동시에 나고 죽는 공간이기도 하다. 그리고 마당에는 백토를 깔아둔다. 그러면 직사광선이 아닌 반사광선이 집 안으로 들어오면서 집이 밝아지고 그림자가 생기지 않아 미(美)적으로도 은은한 효과가 있다.

한옥은 유구한 한국 역사에서 발전된 독특하고 소중한 건축물로 한국인의 과학, 철학, 미학의 정신을 두루 보여준다. 여기에 현대식 화장실, 편리한 주방만 갖춘다면 훌륭한 21세기 주거공간이 될 수 있다.

2. 목조건축의 신분 : 전 〉당 〉합 〉각 〉재 〉헌 〉루 〉정

한옥 건축물에는 사는 사람의 신분에 따라 상하 서열이 존재한다. 이는 건물의 편액에 걸린 명칭에 따라 중요도의 순위가 정해져 있다는 뜻이다. 일반적으로 '전-당-합-각-재-헌-루-정(殿-堂-閤-閣-齊-軒-樓-亭)'의 순서로 서열이 매겨진다.

강녕전 (서울 경복궁)

전교당 (안동 도산서원)

정시합 (서울 경복궁)

시방칠등각 (화성 용주사)

박약재 (안동 도산서원)

오죽헌 (강릉시)

안양루 (영주 부석사)

청암정 (봉화 닭실마을)

문화재 현장을 답사하다 보면 위에서 언급한 내용 이외에도 집을 뜻하는 용어는 부지기수다. 그 가운데 자주 쓰이는 보궁(寶宮), 정사(精舍), 대(臺), 사(舍) 등도 함께 다루고자 한다.

(1) 전(殿)

인정전 (창덕궁의 정전)

'전(殿)'은 건축물 가운데 가장 격이 높은 건물에 사용된다. 궁궐에서 '전'은 왕과 왕비 혹은 왕의 어머니, 할머니와 관련된 건물을 지칭할 때 사용하는 글자이다.

원래 궁궐에서 쓰던 용어인 '전'이 불교가 전래되면서 '왕즉불' 사상의 영향으로 사찰에서도 널리 쓰이게 된다. 따라서 불교 고유의 교리와 신앙에 따라 부처와 보살을 모신 건물에도 '전'을 사용하게 되었다. 그리고 조선시대 최고의 교육기관인 성균관에도 공자의 위패를 모시는 곳에만 '전'이라는 글자를 사용할 수 있다.

- **궁궐** – 왕, 왕비, 왕의 어머니 혹은 할머니 : 근정전(경복궁), 인정전(창덕궁)
- **사찰** – 부처 혹은 보살 : 대웅전, 극락전, 관음전
- **성균관, 향교** – 공자의 위패를 모신 사당 : 대성전(성균관)

(2) 당(堂)

명륜당 (성균관)

'당(堂)'은 '전(殿)'에 비하여 규모 면에서는 차이가 없으나, 격이 한 단계 낮은 건물이다. 예를 들어 '전'의 공간을 사용하는 왕과 왕비는 '당'의 주인이 될 수 있지만 '당'의 주인인 세자는 '전'의 공간을 사용할 수 없다.

서원에서는 중심 건물인 강당의 대청마루 안쪽에 당호가 붙는다. 사대부 민가에서는 사랑채에 붙는 당호가 그 집을 대표하는 이름이 되기도 한다.

사찰에서는 고승들의 영정을 모신 장소나 스님들이 거처하는 처소(일명 요사채)의 당호로 사용된다.

- **궁궐** – 희정당(창덕궁), 자선당(경복궁), 봉수당(화성행궁)
- **사찰** – 조사당, 심검당, 적묵당, 설선당, 수선당
- **서원** – 전교당(도산서원), 입교당(병산서원), 구인당(옥산서원)
- **성균관, 향교** – 명륜당(성균관)
- **사대부 민가** – 충효당(류성룡 종택), 서백당(월성 손씨 종택), 계서당(봉화 이몽룡 생가)

(3) 합(閤)

'합(閤)'이라는 글자는 대문 곁에 달린 작은 문 혹은 궁중의 작은 문, 침실 규방 등의 의미로 사용된다. 그러나 국내에서는 그 예가 희귀해서 용도를 구체적으로 알기가 쉽지 않다. 다만, 조선 후기 고종 때 건립한 경복궁 건청궁 내 '곤녕합(坤寧閤)' '정시합(正始閤)'의 편액이 걸린 건물의 배치를 보니 안채 여인네들이 사용하는 침실의 일부로 사용한 듯 하다. '곤녕합'은 1895년 10월 8일 조선의 국모 명성황후가 일본의 낭인들에게 시해를 당한 비운의 장소이기도 하다.

- **궁궐** – 곤녕합, 정시합 (경복궁 건청궁 내)

경복궁 건청궁 내 곤녕합

곤녕합 내부

(4) 각(閣)

외규장각 (강화군)
왕실 관련 서적을 보관할 목적으로 1782년(정조6) 강화도에 설립한 왕립도서관

'각(閣)'은 '전' 이나 '당' 의 부속 건물이거나, 독립된 건물로 되어 있다. 독립 건물일 경우 규모는 비교적 단출하다.

궁궐이나 서원에서 '각' 이라는 이름이 붙은 건물은 주로 널리 소식이나 배움을 알리는 용도로 사용되었으며[11], 사찰에서는 민속신앙에서 도입된 신들을 모신 건물에 '각' 이라는 명칭을 붙이는 경우가 많다. 또한 왕릉에 가면 제사를 지내는 건물과 비석을 세운 건물에 각각 정자각, 비각이라는 명패가 붙어 있는 것을 볼 수 있다.

- **궁궐** – 규장각(창덕궁), 검서각(창덕궁)
- **사찰** – 산신각, 칠성각, 삼성각, 용왕각
- **성균관, 향교, 서원** – 장서각, 장판각
- **조선왕릉** – 정자각, 비각

---

11 김진국 김준혁, 『정조의 혼 화성을 걷다』, (주)이너스, 2010, p.227 참조

(5) 재(齋)

산천재 (경남 산청군 시천면)
남명 조식 선생이 고향에서 후학을 양성하기 위해 세운 학당

'재(齋)'라는 글자에는 거처하는 집 혹은 몸과 마음을 깨끗이 한다는 뜻을 담고 있다. 그래서 '재'라는 명칭이 붙은 건물은 주로 학업, 사색을 위한 공간이나 그와 관련된 서고(書庫)와 같은 기능을 하는 곳이 많다.

특히, 조선시대 서원의 경우 강당 좌우의 온돌방(원장실과 교무실)과 기숙사(동재, 서재)의 현판에 'ㅇㅇ재'라는 글씨를 써서 그 서원이 지향하는 성리학적 이상을 나타내기도 했다.

- **궁궐** – 낙선재(창덕궁), 수강재(창덕궁)
- **서원** – 박약재(도산서원 동재), 홍의재(도산서원 서재)
- **도산서당** – 완락재

(6) 헌(軒)

강릉 오죽헌 (보물 제165호)   도산서당, 암서헌

'헌(軒)'의 사전적 의미는 집이란 뜻이다. 재(齋)와 용도는 비슷하나 좀 더 포괄적으로 사용된 듯하다. 대청마루가 발달한 것이 특징이다.

- 살림집 성격인 당(堂)의 형식을 갖춘 곳 : 오죽헌(강릉), 석복헌(창덕궁 낙선재)
- 정(亭)의 성격을 갖춘 곳 : 명옥헌(담양), 강월헌(여주 신륵사)
- 지방 수령이 공무를 보는 건물 혹은 특별한 용도의 건물 : 동헌, 낙남헌(화성행궁)

(7) 루(樓)

남원 광한루 (보물 제281호)
소설 춘향전의 주인공 이몽룡과 성춘향의 주 무대

'루(樓)'는 바닥이 지면에서 어느 정도 떨어져서 그 위에 마루를 설치한 건물을 말한다. 주요 건물의 일부로써 누마루 방 형태를 띄거나 커다란 정자 형태를 취하기도 한다. 성곽에는 문루를 세우는 것이 원칙이며, 사찰에서는 의식 공간으로, 서원이나 향교에서는 풍류나 접객을 위한 공간으로 사용되기도 한다.

또한 2층으로 된 건축물일 때는 이름을 따로 지어 붙이는데, 1층에는 각(閣), 2층에는 루(樓)라는 현판이 걸려 있다. 대표적인 예가 창덕궁 후원에 있는 주합루(1층은 규장각)이다.

- **궁궐** − 경회루(경복궁), 주합루(창덕궁)
- **사찰** − 안양루(부석사), 강선루(선암사)
- **객사건축** − 영남루(밀양시), 촉석루(진주시), 광한루(남원시)
- **서원** − 만대루(병산서원), 수월루(도동서원), 무변루(옥산서원)

(8) 정(亭)

'정(亭)'의 원래 의미는 경치 좋은 곳에 지은 작은 휴식 공간을 의미한다. 규모가 작고 개인적이며, 그 속에서 자연경관을 감상하거나 휴식을 취하기 위해 지은 건물이다. 정자의 지붕 형태는 사모지붕, 육모지붕, 팔모지붕 등 다양하다.

- **계곡의 정자** : 농월정(함양군), 군자정(영주시)
- **강호, 해안의 정자** : 청간정(고성군), 망양정(울진군)
- **별서정원의 정자** : 세연정(완도 보길도), 송강정(담양군)
- **궁궐의 정자** : 관람정(창덕궁), 향원정(경복궁)
- **성곽의 정자** : 방화수류정(수원화성)

수원화성에서 가장 경관이 빼어난 방화수류정 (보물 제1709호)
수원화성 동북쪽 군사지휘부인 동북각루의 이름
1794년(정조18)에 완성
조선시대 정자 건물의 높은 수준을 반영.

연미정
강화 10경 중 하나
정묘호란 때 인조가 후금과
굴욕적인 강화조약을 맺은 장소

존덕정
창덕궁 후원에 있는 육각 겹지붕 정자
천장에는 왕의 상징인 황룡과 청룡이 있음

청암정
봉화 닭실마을
정자 돌다리가 독특하고 특이함

(9) 기타 : 적멸보궁, 대, 정사, 사

적멸보궁(寂滅寶宮)은 불교 용어다. 적멸이란 모든 번뇌가 남김없이 소멸하여 고요해진 열반의 상태를 말하며, 보궁은 보석같은 궁전이란 뜻이다. 즉, 적멸보궁이란 부처의 진신사리를 모신 법당을 말한다. 부처의 진신사리를 모셨으므로 불단(수미단)은 있지만, 불상은 모시지 않는다. 법당 외부에 계단을 설치하거나 사리탑을 봉안한다. 우리나라에는 적멸보궁이 도처에 있지만, 특히 5대 적멸보궁[12]이 유명하다.

적멸보궁 (영월 법흥사)

적멸보궁 내부 불단 (태백 정암사)
적멸보궁은 불단 내부에
불상이 없는 것이 특징이다.

---

12 5대 적멸보궁은 설악산 봉정암, 오대산 상원사 중대, 사자산 법흥사, 태백산 정암사, 영축산 통도사이다.

절벽 형태의 지형 위에 위치한 의상대

대(臺)는 깎아지른듯한 절벽 형태의 자연 지형을 일컫는 지형학 용어이다. 이곳에 집
이나 정자를 지어 OO臺라고 하면 문화지명[13]이 된다. 동해 일출 광경의 백미로 꼽히
는 양양 낙산사 의상대(義湘臺), 강릉 경포대(鏡浦臺), 전주시에 위치한 오목대(梧木
臺)[14] 등이 유명하다.

정사(精舍)는 정자와 기능이 유사하나, 정자는 장기 체류가 어렵지만, 정사는 숙식이
가능한 시설을 갖추어 장기 체류가 가능하다는 것이 정자와 다른 점이다.

사(舍)는 규모가 작은 집을 의미하며, 건물 자체의 신분은 낮다. 서원의 제반 업무를
관리하고 식사를 준비하기 위한 건물인 고직사(庫直舍)가 대표적인 예이다.

---

13 이현군, 『옛 지도를 들고 서울을 걷다』, 청어람미디어, 2009, p.147
14 오목대는 전라북도 전주시 완산구 교동에 있는 조선 왕실 유적지다. 1380년(우왕 6) 삼도 순찰사 이성계가 황산에서 왜
　　구를 토벌하고 귀경하던 도중 승전을 자축하는 연회를 베푼 장소로 알려져 있다. 전라북도 기념물 제16호로 지정 보호
　　받고 있다.

3. 목조건축 제대로 읽기

한옥은 나무를 소재로 하여 아이들 놀이기구인 '레고'처럼 조립식으로 제작되어 그 구조가 매우 복잡하다. 그래서 안내판 쪽으로 눈길을 돌려보지만 낯선 용어들은 보는 사람들을 더욱 난처하게 만든다. 그러다 보니 한옥에 관해 이야기할 때면 언젠가부터 너나없이 '한옥은 멋지다' '아름답다' '느낌이 푸근하다' 등 추상적인 표현만 늘어놓고 더 이상 알려고 하지 않는다. 왜 그럴까? 이유는 간단하다. 모르기 때문이다. 주인이 자신의 집에서 자기 물건을 보면서 '멋지다' '아름답다' 등 감탄만 하는 꼴이다. 주인은 자기 물건에 대해서 정확히 알고 있어야 한다. 우리 것이지만 가장 어려워하는 문화재 가운데 하나가 목조 문화재이다. 그래서 우리의 전통 건축물 '한옥'에 대한 교육과 홍보가 더욱 절실히 필요하다.

(1) 목조건축의 주요 부재

목조건축은 크게 3부분으로 이루어져 있다. 기단부, 몸체 그리고 기와이다. 이 가운데 가장 중요한 부분은 몸체이다. 몸체는 다시 기둥, 도리 및 보로 나뉜다. 기둥은 수직 구조재이며, 도리와 보는 수평 구조재 역할을 한다.

기둥은 외관상 쉽게 눈에 띄니 별개로 치더라도, 보와 도리는 어떻게 찾고 구별할 수 있을까? '도리'는 건물의 좌우 기둥을 연결하여 서까래를 받치고 있고, '보'는 건물의 앞뒤 기둥을 연결하여 지붕의 힘을 기둥으로 전달하는 나무 부재이다. '보'가 중요한 이유는 서까래와 도리를 타고 내려온 지붕의 무게가 최종적으로 이 '보'를 통해서 기둥에 전달되기 때문이다. 이런 역할을 하는 '보' 가운데 가장 중심에 놓이는 커다란 보를 우리는 '대들보'라고 한다. 이해를 돕기 위해 목재 부재들의 뜻과 용도를 간단히 정리해 본다.

● 서까래

　지붕의 경사면을 따라서 종도리에서 처마끝
　까지 나란히 건너지른 수많은 나무 부재들

● 처마

　서까래가 기둥 밖으로 빠져나간 부분 혹은 지붕이 도리 밖으로 내민 부분을 말한다.
　처마는 비나 눈으로부터 집의 외벽을 보호하고 일조량을 조절하는 역할을 한다.
　이외에도 처마에는 우리 선조들이 자연현상에 대처하는 삶의 지혜가 담겨있다.

● 추녀

　한옥 지붕 처마의 네 귀퉁이 부분을 지탱해 주는 긴 서까래

● 처마와 추녀의 구별

　겨울철 고드름은 '추녀'가 아닌 '처마'에 주렁주렁 달려 있다.
　사찰에서 들리는 은은한 풍경소리.
　풍경은 '처마'가 아닌 '추녀' 끝에 매달려 있다.

처마 끝에 달린 고드름

추녀 끝에 달린 풍경

● 보(梁)

상부구조에서 오는 하중을 받기 위해 건물의 앞뒤 기둥을 연결하는 수평부재

높이에 따라 대들보, 중보, 종보로 나눈다 (동자주로 연결)

가장 크고 중심이 되는 보 : 대들보

● 도리 (道里)

기둥 위에 올라가서 지붕을 받치면서 지붕에 경사를 주는 건축 부재

① 한자어 : 량(樑)이라 함
      도리가 3개면 3량집
      도리가 5개면 5량집

② 높이에 따른 분류
    • 주심도리 : 기둥 바로 위에 있는 도리
    • 종도리   : 가장 높은 곳에 있는 도리, 이곳에 상량문을 씀
         종도리 바로 위에는 용마루가 있다.

● 보(梁)와 도리(道里)의 구별
    • 보   : 건물의 앞뒤를 연결, 재료는 굵은 통나무 사용
        눈에 잘 띈다.
    • 도리 : 기와 바로 밑에 연결, 재료는 가늘고 긴 통나무 사용
        눈에 잘 띄지 않는다.

 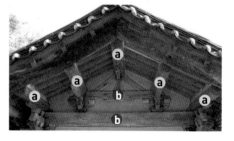

a - 도리   b - 보

(2) 목조건축의 규모

목조건축물의 규모를 말할 때 '몇 칸[間] 집이다' 라는 말을 사용한다. 이때 '한 칸' 은 기둥과 기둥 사이의 간격을 말한다. '칸' 은 건물의 평면구성을 파악하고 건물의 길이와 면적을 측정하는 기본 단위가 된다. 건물의 칸은 보통 중앙의 칸이 약간 넓고, 그 양쪽 칸은 약간 좁다. 우리가 흔히 몇 칸 집이라 할 때 이는 정면 칸에다 측면 칸수를 곱하면 된다.

예를 들어 정면 5칸, 측면 3칸일 경우 5칸×3칸=15칸 이므로 15칸 집이라고 부르는 것이 전통적인 표현법이다. 흔히 아흔아홉 칸 집이라고 하면 방이 아흔아홉 칸으로 알기 쉬운데 기둥과 기둥 사이의 칸 수가 아흔아홉이란 뜻이다.

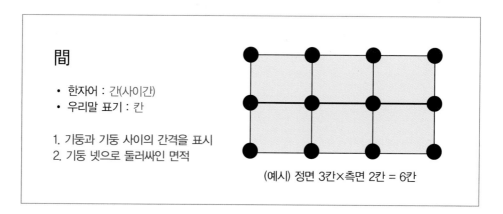

間

- 한자어 : 간(사이간)
- 우리말 표기 : 칸

1. 기둥과 기둥 사이의 간격을 표시
2. 기둥 넷으로 둘러싸인 면적

(예시) 정면 3칸×측면 2칸 = 6칸

(3) 기둥

한옥의 기둥은 지붕의 하중을 받아서 초석(礎石)에 전달하는 수직 구조물로 건축 공간을 형성하는 기본 뼈대가 된다. 기둥은 대들보와 함께 목조건축에서 가장 중요한 구조재인데, 대들보가 수평력을 받는 부재라면 기둥은 수직력을 받는 부재라 할 수 있다.

기둥을 재료로 구분하면 돌기둥과 나무기둥이 있다. 돌기둥은 삼국시대부터 조선 말까지 꾸준히 사용되어 온 만큼 오랜 역사가 있지만, 한옥은 대개 목조건축이어서 돌기둥보다는 나무기둥을 많이 사용했다.

기둥을 형태별로 구분하면 각기둥과 원기둥으로 구별한다. 각기둥은 대개 주거용 일반 주택에서 사용되었으나 원기둥은 궁궐, 사찰, 향교, 그리고 관아 등에서 사용했다. 조선시대 살림집에는 원기둥을 사용하지 못하도록 법(法)으로 금지했다.

기둥에는 우리 조상들의 놀라운 과학적 지혜가 숨어있다. 기둥은 집의 크기에 따라 가까이서 보았을 때와 멀리서 보았을 때 눈으로 느껴지는 차이가 생기는데 이를 착시(錯視) 현상이라고 한다. 이러한 착시 현상을 막기 위해 기둥에 흘림을 주는 데 이 흘림을 주지 않는다면 기둥의 중간이 홀쭉해 보이게 된다. 이 흘림 기법을 사용한 기둥을 배흘림기둥(Entasis)이라고 한다. 이런 기법은 서양의 그리스, 로마 시대의 신전 건축물에도 사용했을 만큼 역사가 깊다. 이런 흘림 기법은 고도로 숙달된 장인의 솜씨를 요구한다. 이론적으로 말할 때 기둥의 밑 부분에서 1/3지점이 가장 굵다. 한편, 각기둥에 쓰이는 흘림 기법은 '민흘림'이라 하며 아랫 부분이 가장 굵고 위로 올라가면서 점차 가늘게 되는 특징이 있다.

배흘림기둥

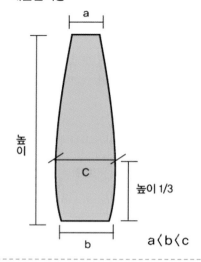

a

높
이

C

높이 1/3

b

a⟨b⟨c

영주 부석사 무량수전

강릉 임영관 삼문

민흘림기둥

익산 미륵사지 석탑의 기단

경복궁 자경전

배흘림기둥을 사용한 대표적인 건물로는 부석사 무량수전과 수덕사 대웅전 그리고 강릉 임영관 삼문(일명 강릉 객사문) 등이 있다. 그리고 민흘림기둥을 사용한 대표적인 건축물은 익산 미륵사지 석탑, 경복궁 내 경회루, 사대부가들의 사랑채 누마루 등에서 볼 수 있다.

(4) 공포(栱包)

공포란 목조 건축에서 기둥 위에 얹는 부재이다. 이는 지붕의 무거운 하중이 기둥으로 내려올 때 힘을 분산시켜주는 역할을 함과 동시에 내부 공간을 넓혀주고 미적(美的)형태를 강조하는 기능을 담당하고 있다.

TV를 시청하면서 보았을 법한 모습인데 여인네가 우물가에서 물동이를 머리에 이는 장면이 있다. 물동이를 이기 전에 물동이를 받칠 고리 모양의 물건[똬리]을 머리에 얹고 그 다음 물동이를 인다. 그러면 훨씬 안정되고 가볍다. 마찬가지로 무거운 힘을 분산시켜 안정감을 주는 똬리의 기능을 목조건축에서는 공포가 담당한다.

똬리의 형태

옛날 여자들은 또아리(✗)를 머리에
똬리(○)
올린 뒤 짐을 이고 날랐다.

공포는 놓인 위치와 형태에 따라 주심포, 다포, 그리고 익공 양식으로 분류한다.

주심포양식

주심포양식이란 공포를 기둥 위에만 올려놓은 것으로 가장 오래된 방식이다. 고려시대부터 조선 초기까지 주로 사용했다. 이 방식의 특징은 주칸(현대건축 : span)이 짧고, 천장이 없는 연등천장[15]을 하고 있으며 대부분 맞배지붕을 취하고 있다. 고구려 고분벽화에 등장하는 건축물은 100% 주심포양식을 취하고 있다. 이는 중국의 북경 이남 주로 송나라 영향을 받은 건축양식으로 보인다.

주심포양식 (영주 부석사 무량수전)

▶ **대표적 건축물**

봉정사 극락전, 부석사 무량수전 및 조사당, 수덕사 대웅전, 은해사 거조암 영산전, 송광사 국사전, 무위사 극락보전

---

15 연등천장이란 서까래를 그대로 노출해 만든 천장을 말한다.

다포양식

다포양식이란 여러 개의 공포를 두어 기둥 위 뿐만 아니라 기둥과 기둥 사이에도 공포를 배치하는 방식을 말한다. 다포양식의 건물은 기둥머리 사이를 가로지르는 창방이라는 나무 부재 위에 주간포(기둥 사이의 공포)를 올려놓기 위해 평방이라는 기다란 가로 방향의 나무 부재를 하나 더 사용한다. 왜냐하면, 창방 하나로는 주간포에 걸리는 지붕의 무게를 감당할 수 없기 때문이다. 따라서 주심포 건물과 다포 건물의 차이점은 평방의 존재 여부로 구분한다. 매우 화려하고 장식적이며 고려 말 건축물에서 보이기 시작하지만, 조선시대 건물에서 집중적으로 나타난다.

다포양식 (구례 화엄사 각황전)

▶ **대표적 건축**

경복궁 근정전, 창덕궁 인정전, 창경궁 명정전, 덕수궁 중화전, 봉정사 대웅전,
통도사 대웅전, 화엄사 각황전

익공양식

익공양식이란 기둥 위쪽에 공포를 설치하지 않고 새의 날개 모양의 형태를 덧붙인 것을 말한다. 공포가 아니라 공포 형식의 처마 부재라고 하는 편이 더 이해하기 쉽다. 날개가 하나면 1익공, 둘이면 2익공, 그리고 희귀한 경우지만 3익공[16] 양식의 건물도 있다.

익공은 조선시대 우리나라에서 독자적으로 개발하여 사용한 수법으로, 주심포가 변형된 형태이다. 익공의 원리를 보면 기둥, 주두, 헛첨차로만 구성되어 있다. 조선 후기에 발전한 서원이나 사당 등 유교 건축물에서 주로 사용하였다.

초익공 양식

이익공 양식

▶ **대표적인 건축물**

　종묘 정전 및 영녕전, 서울 성균관 명륜당, 옥산서원 독락당 등이 있다.

---

16 진주시 비봉산 아래 비봉루 공포가 3익공 양식이다.

107

(5) 지붕

지붕은 빗물을 막고 햇볕을 피하게 하며, 실내 온도를 조절하는 기능을 한다. 그러나 우리 한옥의 지붕은 단순히 빗물이나 일사(日射), 실내온도를 조절해주는 기능뿐만 아니라 의장효과도 크게 반영되어 있다. 그 대표적인 예가 지붕 곡선이다.

한옥의 지붕 곡선 (홍천 수타사 대적광전)

한옥의 지붕 곡선은 자연스러우면서도 보기가 편안하다. 이런 곡선에는 2종류가 있는데 바로 용마루 곡선과 처마 곡선이다. 용마루 곡선은 자연적 곡선을 취하고 있지만, 처마 곡선은 숙달된 전문가의 치밀한 계산에 의해서 형성되는 2차 곡선으로 한국인의 심성을 대변하는 곡선이라고 널리 알려져 있다.

한옥의 지붕은 재료에 따라 기와집과 초가로 구별된다. 형태에 따라서는 맞배지붕, 팔작지붕, 우진각지붕 그리고 모임지붕 등으로 나누는데, 이런 형태는 대개 기와집에서 뚜렷이 나타나며, 초가는 대부분 우진각 모양을 띠면서 곡선이 완만하게 흐르는 특징이 있다.

108

맞배지붕

맞배지붕의 정면 및 측면 (영암 무위사 극락보전)

맞배지붕이란 구조가 가장 간단한 형태이다. 경사면이 서로 마주 보고 있어서 단면이 시옷(ㅅ) 혹은 사람 인(人)자와 같다. 구조가 간단하다는 것은 꾸밈이 없다는 말이면서 화려하지 않다는 의미이기도 하다. 따라서 종묘나 사당과 같은 화려함을 피하면서 엄숙하고 경건한 건물에 많이 사용된다.

한편, 맞배지붕은 간단하지만, 양쪽 끝면이 터져있어 비바람에 약한 구조적인 취약점이 있다. 따라서 터진 면으로 불어오는 비바람을 막기 위해 풍판이란 널빤지를 달아두기도 한다.

측면에 풍판을 설치 (화성 용주사 지장전)

대표적인 건축물로는 고려말, 조선초기의 사찰건축(부석사 무량수전 제외), 종묘의 정전, 서원의 사당, 왕릉의 정자각 등을 들 수 있다.

우진각지붕

우진각지붕의 정면 (경복궁 흥례문)

우진각지붕의 측면 (수원화성 장안문)

우진각지붕은 맞배지붕의 단점을 보완하여 맞배지붕의 터진 양쪽 끝 면에도 경사진 지붕면을 만들어서 전체적으로 지붕이 사방으로 경사를 짓는 지붕 형태를 말한다. 정면에서 보면 사다리꼴 모양이며, 측면은 삼각형으로 되어 있다.

주로 궁궐의 출입문에서 볼 수 있으며, 수원화성의 4대문, 그리고 해인사 장경판전 건물에서 이를 확인할 수 있다.

하늘에서 본 우진각지붕 (수원화성 장안문)
출처 : KBS스페셜
지상 최대의 축제 – 정조대왕 능행차에서 캡처
2016. 10. 13. 방영

팔작지붕

팔작지붕의 정면과 측면 (경복궁 수정전)
조선 세종대왕 당시 이곳의 명칭은 '집현전'이었다.

팔작지붕은 지붕면이 전후좌우 4면으로 흐르고 있으나, 측면 지붕면 위에 삼각형의 합각 부분이 있는 점이 특징이다. 맞배지붕에 우진각지붕을 포개놓은 지붕이라 생각하면 된다. 가장 화려하고 웅장한 자태를 지니고 있다.

팔작지붕의 전경 (경복궁 경회루)

주로 궁궐과 사찰의 중요한 건물, 살림집에서는 안채, 사랑채 등에서 많이 볼 수 있다.

모임지붕

강월헌 (여주 신륵사)

범종각 (영월 법흥사)

모임지붕은 지붕이 모두 가운데 한 곳의 용마루에 모인 것이 특징이다. 지붕면이 4개면 사모지붕, 6개면 육모지붕, 8개면 팔모지붕이라 부른다. 모임지붕 꼭대기에는 호로병 혹은 탑 모양의 장식기와인 절병통을 올려놓는다.

절병통은 처음에는 누수방지를 위해 설치하였으나 시간이 흐름에 따라 차츰 장식요소와 길상적 의미가 더해지면서 건물을 상서롭고 장엄하게 꾸미는 기능도 하게 되었다.

절병통

서장대 (화성장대)
수원 팔달산 정상에 있는 군사 지휘소

주로 정자의 지붕, 사찰의 범종각, 수원화성의 서장대(화성장대)에서 볼 수 있다.

112

무량각지붕

용마루의 일반적 형태

용마루 형태 (장흥 보림사 명부전)

한옥 기와지붕의 가장 높은 곳에는 용마루가 있다. 용마루란 2개의 마주 보는 지붕면이 만나는 부분을 말한다. 여기에는 보통 암키와와 수키와를 여러 겹 쌓아 둔다.

그런데 궁궐과 같이 격이 높은 건물에는 용마루에 암키와와 수키와를 겹쳐 쌓는 대신에 마루 기와 전체를 회벽으로 바르듯이 처리하기도 한다.

용마루에 회벽을 바른 경우 (경복궁 근정전)

그러나 용마루 부분에 굽은 기와인 곡와(曲瓦)를 써서 용마루가 없는 지붕이 있는데 이를 무량각지붕이라 한다. 이는 조선시대 궁궐건축에서 발견되는데 모두 왕과 왕비의 침전이라는 특징이 있다.

113

| 용마루가 없는 지붕의 사례들 |

경복궁 강녕전

경복궁 교태전

창덕궁 대조전

창경궁 통명전

(6) 지붕 위 장식기와

궁궐 내 주요 건물들의 지붕 위를 올려다보면 여러 장식기와들이 용마루, 내림마루, 그리고 추녀(귀)마루[17]의 양 끝자락, 혹은 마루 위에 설치된 것을 볼 수 있다.

한옥 지붕의 마루 명칭 (경복궁 자선당)

취두(鷲頭), 치미(鴟尾), 용두(龍頭)

취두는 독수리의 머리 형상, 치미는 솔개의 꼬리 형상, 용두는 용의 머리 형상이란 의미이다. 치미는 고대 삼국시대에 주로 사용한 장식기와였는데, 고려를 지나 조선시대에는 취두로 변형된다. 따라서 치미는 박물관 전시실 이외에는 보기가 쉽지 않다.

취두와 치미는 큰 건물의 용마루 양 끝에 설치하며, 용두는 취두나 치미를 설치하지 않은 작은 건물의 용마루에서 수직으로 내려온 내림마루의 끝지점에 설치한다. 그리고 여러 잡상들은 추녀마루 위에 설치하며, 토수라는 장식기와는 지붕의 추녀나 사리 끝에 설치하였다

---

17 용마루는 건물의 지붕 위 가장 높은 곳을, 내림마루는 용마루에서 수직으로 내려오는 마루를, 마지막으로 추녀(귀)마루는 내림마루에서 45도 각도로 내려오는 마루를 의미한다.

지붕위 장식기와의 명칭

취두와 치미는 하늘과 가장 가까운 지붕 위에 날 짐승의 우두머리인 독수리와 솔개
를 올려놓음으로써 왕권을 상징하는 한편, 주술적 의미로는 악귀를 쫓고 화재를 막
아 준다는 의미가 있다. 용두 또한 왕권을 상징하고 사찰의 법당에선 최고의 법력과
위신력을 나타낸다. 주술적 의미로는 재앙과 악귀를 막아주고 화재를 막아준다는 의
미가 있다.

잡상(雜像)

추녀마루를 바라보면 자그마한 장식물 몇 개가 파란 하늘과 대비해서 눈에 띈다. 사람 같기도 하고 동물 같기도 한 것들이 한 줄로 죽 늘어서 있다. 이는 진흙으로 빚어 만든 토우로 일명 잡상이라 부른다. 그러면 잡상은 어떤 모습일까? 〈서유기〉에 등장하는 삼장법사, 손오공, 저팔계, 사오정 등을 맨 앞부터 순서대로 배치했다는 기록이 있다. 그러나 실제로 잡상을 들여다보면 삼장법사를 닮은 사람이나 손오공을 연상시키는 원숭이는 간혹 등장하지만, 저팔계, 사오정은 잘 보이지 않는다. 그러나 꼭 하나 지켰던 것이 있다. 맨 앞엔 언제나 도인이나 선인과 같은 인물상이 자리 잡는다는 점이다. 앞에 도인 혹은 선인이 위치한 것은 그가 뒷자리의 동물들을 이끌어야 하기 때문이다.

잡상의 다양한 형태들

다음은 잡상의 수, 잡상은 보통 5, 7, 9, 11개 등 양을 상징하는 홀수로 배치한다. 그 이유는 짝수는 음의 성질을 갖고 있어 귀신이 범접하기가 쉬워 재앙이 따른다고 생각했기 때문이다. 잡상은 조선시대 도성과 궁궐의 전각이나 문루, 조선왕릉 정자각같이 큰 건축물에만 나타난다. 잡상의 임무는 하늘에 떠도는 잡귀를 물리쳐 건물을 지키는 역할을 한다.

4. 고려시대 국보 건축물 순례

한반도의 인문 자연적 환경 속에서 고려시대 목조 건축물이 오늘날까지 온전히 남아 있다는 사실은 기적에 가깝다. 임진왜란, 병자호란, 일제강점기, 그리고 한국전쟁과 같은 참화 속에서도 그 모습을 잃지 않고 살아남은 것이다. 이것은 우리에게 어떤 울림을 주는가?

고려시대 건축물을 보고 있으면 별다른 치장을 하지 않았는데도 귀티가 있다. 나무색 그대로의 모습을 드러낸 자태가 마치 화장기 없는 수수한 미인을 보는 듯하다. 국보 고려시대 건축물을 들여다보며 천년이 넘도록 자리를 지키고 있는 그 울림을 함께 하고자 한다.

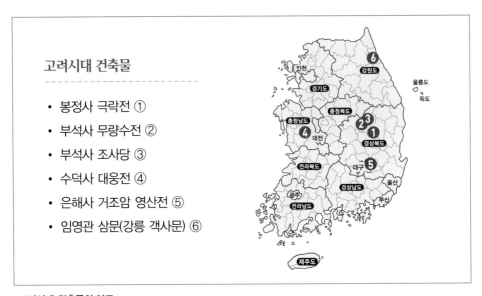

고려시대 건축물의 분포

(1) 봉정사 극락전

봉정사(鳳停寺)

천등산(天燈山) 자락에 자리한 안동 봉정사는 672년(신라 문무왕2) 의상대사의 제자인 능인 스님께서 창건하신 유서 깊은 천년 고찰이다. 현재 대한불교조계종 제16교구 본사인 고운사 말사이다. 전설에 의하면,

'천등산은 원래 대망산이라 불렀다. 능인 스님이 젊었을 때 대망산 바위굴에서 수행하고 있는데 스님의 도력에 감복한 천상의 선녀가 하늘에서 등불을 내려 굴 안을 환하게 밝혀주었다. 그리하여 대망산을 '천등산'이라 하고 그 바위굴을 '천등굴'이라고 하였다. 그 뒤 더욱 수행에 전념했던 능인 스님이 도력으로 종이 봉황을 접어서 날리니 현 봉정사 위치에 봉황이 와서 머물렀다. 그런 연유로 봉황새 봉(鳳)자에 머무를 정(停)자를 써서 봉정사라 하였다. 따라서 '봉정사'란 봉황이 머무는 절이란 뜻이다.

봉정사는 1999년 4월, 영국의 엘리자베스 여왕이 다녀갔으며, 20년 뒤인 2019년 5월에는 여왕의 둘째 아들 앤드루 왕자가 어머니의 추억이 담긴 이곳을 방문한 덕분에 가장 한국적이며 고즈넉한 사찰이라는 명성을 얻게 되었다.

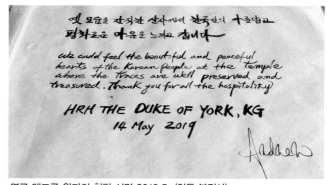

영국 앤드루 왕자의 친필 서명 2019.5. (안동 봉정사)

또한, 고건축을 전공하는 건축학도들에게 봉정사는 답사 필수코스이다. 그 이유는 봉정사에 현존하는 4동의 건물(극락전, 대웅전, 화엄강당, 고금당)이 반경 30m 이내에 있으면서 모두 시대를 달리하는 건축 형태를 보여주기 때문이다. 이 4동의 건물에 사용된 건축 부재인 공포의 형태는 고려 말에서 조선 중기까지의 변천 과정을 보여주고 있어 살아있는 고건축 실습장으로 손색이 없다.

봉정사 전각의 다양한 공포들

극락전 (13세기 초반으로 추정), 국보 제15호

대웅전(1435년), 국보 제311호

화엄강당(1588년 중수), 보물 제448호

고금당(1616년 중수), 보물 제449호

120

한편, 봉정사 부속 암자인 영산암을 둘러보고 있노라면 뛰어난 천재 건축가 스님의 흔적을 곳곳에서 발견할 수 있다. 영산암 입구인 우화루(雨花樓)와 주불전인 응진전을 포함한 6개의 전각을 배치할 때, 지형의 높낮이를 이용한 3단의 마당 구성으로 처리한 점과 뛰어난 조경 수법은 외관상 폐쇄적으로 보이는 공간을 오히려 아늑하고 편안한 공간으로 변모시켜 놓았다. 그렇다 보니 이곳이 영화 촬영장으로 각광을 받는 것은 당연하다는 생각이 든다. 배용균 감독의 작품 '달마가 동쪽으로 간 까닭은?' (1989년), 조철현 감독의 '나랏말싸미' (2019년)의 무대가 된 곳도 바로 이곳이다.

봉정사 영산암 우화루   봉정사 영산암 마당

현재 봉정사 경내에는 극락전(국보 제15호), 대웅전(국보 제311호), 대웅전 후불벽화(보물 제1614호), 목조관세음보살좌상(보물 제1620호), 화엄강당(보물 제448호), 고금당(보물 제449호) 등과 같은 지정문화재와 덕휘루(누각), 무량해회(승방), 삼성각 등이 있다. 이 밖에도 고려시대 건립된 삼층석탑이 있고 경판고에는 대장경 판목이 보관되어 있다. 부속 암자로 영산암과 지조암, 중암 등이 있다.

봉정사는 2018년 6월, '산사, 한국의 산지승원' 이라는 명칭으로 유네스코 세계유산으로 등재된 소중한 우리 문화유산이다.

⑧ 봉정사 극락전

봉정사 극락전 정면 및 측면

- **명칭**   : 봉정사 극락전
- **소재지**   : 경북 안동시 서후면 봉정사길 222(태장리) 봉정사
- **규모**   : 정면 3칸 측면 4칸
- **지붕**   : 맞배지붕
- **공포**   : 주심포양식
- **천장**   : 연등천장
- **제작연대**   : 1213년 전후 추정(13세기 초반)
- **문화재 지정** : 국보 제15호

봉정사 극락전은 고려시대 건립한 국내에서 가장 오래된 불전으로, 아미타불을 모시고 있다. 사찰 내 건물 현판에 극락전, 미타전, 혹은 무량수전이라는 명칭이 있으면 그 내부에는 서방정토 세계를 관장하는 아미타불을 모시고 있다는 의미가 된다.

봉정사 극락전 아미타불 및 후불벽화

극락전은 3단의 장대석 기단 위에 갑석을 올리고 크기가 다른 자연석으로 주춧돌을 쌓았으며, 규모는 정면 3칸, 측면 4칸 구조이다. 건물의 정면 가운데 칸에 판장문을 달고 양옆 칸에는 광창을 내었으며 그 밖의 3면은 모두 벽으로 막아 감실형 건물로 구성했다.

맞배지붕에 연등천장으로 내부를 구성하고 불상의 윗부분에는 닫집을 만들어 더욱 엄숙함을 연출했다. 기둥 위에 설치한 공포는 주심포 양식인데 그 형태를 보면 주두 모양에 굽 받침이 없으며, 주두 하부의 단면이 곡면으로 되어 있는 점, 첨차 끝에 쇠서를 두지 않는 점, 그리고 대들보 위에 산 모양에 가까운 복화반대공을 배열하는 점 등의 특징을 지니고 있다. 이런 특징들은 통일신라시대 이후 고려까지 계승된 고식(古式)으로 여겨진다.

경북 의성군 탑리 5층석탑, 불국사 청운교의 돌난간, 전남 화순군 쌍봉사의 철감선사 부도 등은 봉정사 극락전의 가구 형식을 연구하는데 중요한 비교 자료가 된다.

1972년 완전 해체 보수공사를 하면서 발견된 상량문에 의하면[18] 1363년(고려 공민왕 12)에 지붕을 중수(重修)하였다고 한다. 우리의 전통 목조건축은 신축한 후 지붕을 수리하기까지는 통상적으로 100년~150년이 걸린다. 이를 근거로 보면 봉정사 극락전은 적어도 고려 중기인 12~13세기에 세워진 현존하는 대한민국 최고(最古)의 건물이라는 의의를 지니고 있다.

---

18   상량문에는 원(元)나라 연호인 지정(至定) 23년(즉, 고려 공민왕 12년)으로 기록되어 있다.

(2) 부석사 무량수전

부석사(浮石寺)

봉황산 중턱에 자리 잡은 영주 부석사는 676년(신라 문무왕16)에 의상(義湘)대사가 왕명으로 창건한 뒤 화엄의 큰 가르침을 폈던 유서깊은 천년 고찰이다. 현재 대한불교조계종 제16교구 본사인 고운사 말사이다.

부석사의 중심 전각인 무량수전(無量壽殿) 서쪽 뒤편에 가면 부석(浮石)이라는 글자가 새겨진 바위가 있다. 이 바위는 의상대사가 절을 지을 때 도움을 준 당나라 여인 선묘가 용으로 변신한 후 다시 바위로 변했다는 창건 설화[19]와 함께 사찰 이름과도 깊은 관련이 있다.

부석사 무량수전 서쪽 부석바위 (위)
중국여인 선묘의 영정 (아래)

---

19 부석사 창건주 의상대사와 관련된 기록은 삼국유사 제4권 〈의상전교〉 편에 등장한다. 기록에 의하면 의상대사가 당나라에 머물 때 양주지방 유지인의 도움을 받았다고 하는데 그의 딸 선묘는 등장하지 않는다. 당나라 여인 선묘에 관한 이야기는 송나라 찬녕이 지은 〈송고승전〉이나 일본의 명혜스님이 저술한 화엄연기에 오히려 상세히 전하고 있다. 현재 부석사 조사당 내부에는 선묘의 진영이 있으며, 무량수전 동쪽 뒤편 언덕에 선묘각이 있다. 외국 여인이 국내 사찰의 주불전 뒤편에 모신 사례는 이곳 부석사가 유일하다.

부석사는 고려시대에 원융, 진각국사 등 여러 국사가 주석하면서 화엄학을 계승 발전시켜 나갔다. 하지만 그 위상과 역사를 알만한 자료가 많이 소실되어 아쉬움이 남는다. 다행스러운 것은 현재 남아있는 '원융국사비' 비문에 나타난 기록을 통해 가람 배치의 전반적인 내용을 이해할 수 있다. 그 기록에 의하면,

'무량수전에는 오직 불상만 봉안하고 좌우 협시불도 없으며 또한 탑도 없다. 탑이 없는 이유는 일승(一乘) 아미타불은 열반에 들지 아니하기 때문이다.' 라고 전한다.

이 기록은 최소한 원융국사가 입적한 11세기 중반까지는 탑이 없었다는 것을 보여준다. 이런 이유로 무량수전 앞마당에는 석탑이 없고 광명극락을 뜻하는 석등만 존재한다. 현재 부석사에는 3기의 석탑이 존재한다. 1기는 무량수전 동편 언덕 위에 위치하며 다른 2기는 범종루 아래에 쌍탑의 형식으로 서 있다. 모두 다른 장소에서 옮겨온 것임을 알 수가 있다.

부석사 무량수전 동쪽 3층석탑

한편, 일제강점기인 1916년 무량수전과 조사당을 해체 수리하였는데 이때 허리 부분이 잘린 석룡이 드러났다. 이 내용을 근거로 1967년 발굴조사를 하여 용과 흡사한 암맥이 무량수전 앞마당 기단 앞에서 시작하여 석등까지 이어져 있었다는 것을 확인할 수 있었다. 이어 34년 뒤, 2001년에는 KBS 역사스페셜 제작팀에서 기획하여 레이더 탐사를 통한 실측으로 석룡의 존재를 재차 확인했다.[20]

안양루에 올라서서 멀리 소백산을 바라보며 조선시대 선비 한 분을 떠올려 본다. 안양루 안으로 들어가지 말라는 표시가 있어 그냥 지나치기가 십상인데 안양루 내부에는 조선 후기의 방랑시인 김삿갓의 글이 걸려있다. 대중에게 소개하는 것도 일미(一味)를 더하리라.

안양루에서...

김삿갓[21]

平生未暇踏名區 평생에 여가 없어 이름난 곳 못 왔더니
평 생 미 가 답 명 구

白首今登安養樓 백발이 된 오늘에야 안양루에 올랐구나.
백 수 금 등 안 양 루

江山似畵東南列 그림 같은 강산은 동남으로 벌려 있고
강 산 사 화 동 남 열[22]

天地如萍 日夜浮 천지는 부평[23] 같이 밤낮으로 떠 있구나
천 지 여 평 일 야 부

風塵萬事忽忽馬 지나간 모든 일이 말 타고 달려온 듯
풍 진 만 사 홀 홀 마

宇宙一身泛泛鳧 우주간에 내 한 몸이 오리마냥 헤엄치네
우 주 일 신 범 범 부

百年幾得看勝景 인간 백 세에 몇 번이나 이런 경치 보겠는가
백 년 기 득 간 승 경

歲月無情老丈夫 세월은 무정하다 나는 벌써 늙어 있네.
세 월 무 정 노 장 부

126

주요 문화재로는 영주 부석사 무량수전 앞 석등(국보 제17호), 영주 부석사 소조여래
좌상(국보 제45호), 영주 부석사 조사당 벽화(국보 제46호), 영주 부석사 삼층석탑(보
물 제249호), 영주 부석사 당간지주(보물 제255호), 영주 부석사 고려 목판(보물 제
735호), 영주 부석사 원융국사비(경북 유형문화재 제127호) 등이 있다.

부석사는 2018년 6월, '산사, 한국의 산지 승원'이라는 명칭으로 유네스코 세계유산
으로 등재된 소중한 우리 문화유산이다.

부석사 안양루에서 바라본 소백산 전경

---

20 KBS 역사스페셜, 부석사 지하에는 13m 용이 있다, 2001년 5월5일 방영
21 김병연(1807~1864) 조선 후기 풍자 시인이면서 방랑시인. 속칭 김삿갓으로 더 알려져 있다. 그는 조선조 말 과거시험에
    응시하여 홍경래 난에 가담했던 자기 할아버지를 호되게 비판한 글로 수석합격 했다. 이 사실이 알려지자 자기 조상을
    팔아 입신양명 하려 했다는 비난이 일었고 이를 부끄럽게 생각한 김병연은 가출하여 방랑길에 들어선다. 그는 하늘이
    부끄럽다며 평생 삿갓을 쓰고 걸식하며 조선 8도를 방랑하는 동안 수많은 일화와 풍류와 해학을 남기고 떠나간 조선 제
    일의 풍류객이었다. 그의 무덤은 강원도 영월군 김삿갓면 와석리에 있다.
22 부평초 평(개구리밥)
23 개구리밥(개구리밥과의 여러해살이 수초)

❀ 부석사 무량수전[24]

부석사 무량수전

부석사 무량수전 내부 소조아미타여래좌상

- **명칭**   : 부석사 무량수전
- **소재지**   : 경북 영주시 부석사로 345 (북지리) 부석사
- **규모**   : 정면 5칸 측면 3칸
- **지붕**   : 팔작지붕이며 추녀 하부에 활주를 세움
- **공포**   : 주심포양식
- **천장**   : 연등천장
- **문화재 지정** : 국보 제18호

무량수전은 고려시대에 건립한 부석사의 주불전으로 내부에는 소조아미타여래좌상을 모시고 있다. 아미타여래는 끝없는 지혜와 무한한 생명을 지녔으므로 무량수불이라고도 한다. 따라서 무량수불을 모신 전각이라는 의미로 무량수전이라고 한다. 소조란 불상을 만드는 재료가 진흙이란 뜻이다.

일제강점기인 1916년 해체 수리 때 발견된 묵서명을 보면 1376년에 재건된 것으로 기록하고 있으나, 부석사 조사당이 1377년 재건된 것과 비교해 볼 때, 학계에서는 건물 양식으로 보아 조사당 보다 100년에서 150년 앞선 건물로 추정하고 있다.

---

24 무량수전 편액은 고려 공민왕의 친필이다.

무량수전의 규모는 정면 5칸 측면 3칸에 지붕은 팔작지붕으로 꾸몄다. 기둥 위에 올라가는 건축 부재인 공포는 주심포양식이다. 특이한 것은 팔작지붕이면서 내부는 연등천장을 사용했다는 점이다.

특히 무량수전은 최순우 선생의 '배흘림기둥에 기대서서'라는 문장으로 일약 유명해졌다. '나는 무량수전 배흘림기둥에 기대서서 사무치는 고마움으로 이 아름다움의 뜻을 몇 번이고 자문자답했다.'[25]는 그의 명문장은 숱한 사람들을 무량수전 배흘림기둥에 기대서게 했으며, 고건축의 전문용어인 배흘림 기법을 대중화하는 결정적인 계기가 되기도 하였다. 배흘림이란 기둥의 아래에서 위로 1/3쯤이 불룩하게 보이게 함으로써 큰 건물의 경우 긴 기둥의 중앙부가 가늘어 보이는 착시현상을 교정하며, 시각적으로 안정감을 더하기 위해서 사용된 기법이다.

배흘림 이외에도 무량수전에는 몇 가지 목조건축 기법이 더 숨겨져 있다. 정면 6개의 기둥이 좌우 모서리로 갈수록 조금씩 높아지는 귀솟음 기법과 그 기둥들 위에 얹힌 지붕이 밋밋한 직선이 아니라 좌우 처마 귀퉁이가 조금씩 더 튀어나오게 한 안허리곡 기법 등이 그것이다. 엄밀하게 말하면, 기둥들은 수직으로 선 것이 아니라 조금씩 안쪽으로 기울어진 안쏠림으로 세운 것이다. 이렇게 함으로써 건축적으로 튼튼하고 안정됨은 물론 시각적으로도 보기 좋을 뿐 아니라 건축의 아름다움과 조화로움으로 보는 이로 하여금 감탄케 한다. 그래서 부석사 무량수전을 주심포 목조건축의 교과서인 동시에 고려건축의 백미라고 하는 것이다.

---

25 최순우, 무량수전 배흘림기둥에 기대서서, 학고재, pp.78~80

이 건물에서 볼 수 있는 또 다른 특징은 건물 자체는 남향을 하고 있으나, 내부에 모셔진 아미타여래는 건물의 서쪽에 위치하면서 동쪽을 바라보도록 배치를 했다는 점이다. 이는 불교 경전에 등장하는 교리에 입각한 배치라고 생각할 수 있다. 하지만, 마곡사 대웅보전, 불갑사 대웅전, 통도사 영산전 등에서도 이와 같은 배치를 볼 수가 있으므로 반드시 교리적인 측면에서만 해석하는 것은 고려해 볼 문제이다.

무량수전은 우리나라에 남아 있는 목조 건축물 가운데 안동 봉정사 극락전과 더불어 가장 오래된 건축물인 동시에 고려시대 건축의 백미로서 고대 사찰건축의 구조를 연구하는 데 매우 소중한 우리 문화유산이다.

(3) 부석사 조사당

부석사 조사당

부석사 조사당 내부 의상대사 소상

- **명칭**   : 부석사 조사당
- **소재지**   : 경북 영주시 부석사로 345 (북지리) 부석사
- **규모**   : 정면 3칸 측면 1칸
- **지붕**   : 맞배지붕
- **공포**   : 주심포양식
- **천장**   : 연등천장
- **문화재 지정** : 국보 제19호

조사당은 부석사 경내에 있는 고려시대 불전으로 무량수전 뒤편 언덕 위에 있다. 이곳에는 이 절의 창건주인 의상대사의 소상(塑像)을 봉안했다.

일제강점기인 1916년 해체 공사 때 발견된 장여 위 묵서명에 의하면, 조사당은 1377년(고려 우왕3)에 원응국사가 세웠고, 조선 1490년(성종21)에 중수하고 1493년(성종24)에 단청을 하였으며, 1573년(선조6)에 서까래를 수리하였다고 기록되어있다.

조사당의 규모는 정면 3칸 측면 1칸에, 맞배지붕, 공포는 주심포양식이다. 건물 자체가 작은 크기이므로 세부 양식이 무량수전보다 간결하다. 정면 가운데 칸에 출입문을 두었고 좌우로는 빛을 받아들이기 위한 광창을 설치했다. 기둥의 배흘림이 무량수전보다 현저하게 작아졌고, 기둥 위에 올라가는 공포의 경우, 주두나 소로 굽에 굽 받침이 없어지고 굽의 단면이 직선으로 된 점 등을 고려해 볼 때 조사당은 고려시대 주심포계와 다포계 양식을 절충한 특징을 보인다.

조사당 출입문 좌우 안쪽 벽에는 고려 후기에 그려진 보살상과 사천왕상 등의 불화가 있었는데 1916년 건물을 수리하면서 벽면 전체를 그대로 떼어내어 부석사 무량수전 안에 보관하고 있다가 지금은 부석사 성보박물관에 소장하고 있다. 현재 그 자리에는 본떠 그린 그림을 배치해 당시의 벽화 모습을 보여주고 있다. 이 조사당 벽화(국보 제46호)는 우리나라에 남아있는 벽화 가운데 가장 오래된 작품으로 회화사적으로도 매우 중요하다.

부석사 조사당 벽화 (부석사 성보박물관 소장)

부석사 조사당 선비화 설화

부석사 조사당 처마 밑 선비화(골담초)

부석사 조사당 동쪽 처마 아래에는 철책 속에서 나무 한 그루가 자라고 있다. 부석사 창건주 의상대사가 꽂았다는 전설이 내려오는 나무이다. 선비화로 불리지만, 흔히 골담초로 알려져 있다. 전해오는 이야기에 의하면, 의상대사가 열반하실 때,

"지팡이에 잎이 나고 꽃이 피면 나라에 국운이 흥왕할 것이다."라고 예언을 하셨단다. 실제 일제강점기 때는 잎은 피어도 꽃은 피지 않았으나, 8·15 광복과 함께 꽃이 피었다고 한다. 수령이 1300년이라고 전해오지만 근거는 없다. 다만, 조선 중기의 대학자 퇴계 이황은 이 나무를 보고 부석사 비선화(飛仙花)라는 시를 남기기도 했다는 것과 수목 전문가의 의견을 종합해 볼 때 수령은 최소 500년 전후에 이르지 않을까 한다.

한편, 아기를 못 낳는 여인이 선비화의 잎을 삶아 그 물을 마시면 아들을 낳는다는 속설이 퍼져 몰래 꺾어가는 사람들이 많아 나무가 자라지 못한다고 한다. 그런 이유로 현재와 같이 철책을 쳐서 보호하고 있다. 오랜 세월을 조사당 처마 밑에서 비와 이슬을 맞지 않고서도 항상 푸르게 자라고 있어 보는 이로 하여금 신비감을 자아내고 있다.

(4) 수덕사 대웅전

수덕사(修德寺)

덕숭산 남쪽 자락에 자리 잡은 예산 수덕사는 백제 위덕왕(威德王:554~598) 때 창건
된 것으로 추정되며, 문헌 기록에 등장하는 백제 사찰 12곳 가운데 유일하게 남아있는
유서 깊은 천년 고찰이다. 고려 및 조선시대를 거치면서 여러 번 중수했다고 한다.
사찰 초입에 있는 일주문에는 〈덕숭산덕숭총림수덕사〉라는 한글 편액 글씨가 보이는
데 여기에는 수덕사의 절 이름과 관련된 덕숭낭자와 수덕도령의 애틋한 이야기[26]가 전
해 내려온다. 전설에 의하면,

홍주 마을에 수덕이란 도령이 살았다. 수덕도령은 훌륭한 가문 출신의 자제였다. 어느
날, 사냥을 나갔다가 사냥터의 먼발치에서 한 낭자를 보고 사랑에 빠지게 되었다. 집
에 돌아와 곧 상사병에 걸린 도령은 수소문한 결과 그 낭자가 건넛마을에 혼자 사는
덕숭낭자라는 사실을 알게 되어 청혼했으나, 여러 번 거절당했다. 그러나 수덕도령의
끈질긴 청혼으로 마침내 덕숭낭자는 자기 집 근처에 절을 하나 지어 줄 것을 조건으로
청혼을 허락하였다. 그러나 타오르는 욕망을 버리지 못했기 때문에 절을 완성하는 순
간 불이 나서 소실되었다. 다시 목욕재계하고 예배 후 절을 지었으나 이따금 떠오르는
낭자에 대한 욕망의 불이 일어 절은 완성되지 못하였다. 세 번째는 오로지 부처님만을
생각하고 절을 지은 덕분에 마침내 신비롭기 그지없는 웅장한 절이 완성되었다.
『나무아미타불 관세음보살』 수덕은 흡족한 마음으로 합장했다.
도련님, 소녀의 소원을 들어주셔서 그 은혜 백골난망이옵니다.

---

26 이 전설의 내용은 수덕사 홈페이지, 덕산향토지 및 인터넷에 실린 자료를 참조했다.

마침내 신방이 꾸려졌다. 촛불은 은은한데 낭자가 조용히 입을 열었다. 부부지간이지만 잠자리만은 따로 해주세요. 이 말이 채 끝나기가 무섭게 수덕은 낭자를 덥석 잡았다. 순간 뇌성벽력과 함께 돌풍이 일면서 낭자의 모습은 문밖으로 사라졌고 수덕의 두 손에는 버선 한 짝이 쥐어져 있었다. 버선을 들여다보는 순간 눈앞에는 큼직한 바위와 그 바위 틈새에 낭자의 버선 같은 하얀 꽃이 피어있는 이변이 일어났다. 신방도 덕숭낭자도 세속의 욕망과 함께 사라졌다. 수덕은 그제야 알았다. 덕숭낭자가 관음보살의 화신이었음을……

이후 수덕사는 수덕도령의 이름을 따고, 수덕사가 있는 산은 덕숭낭자의 이름을 따서 덕숭산이라 하였다. 지금도 수덕사 경내 바위틈에서는 해마다 「버선꽃」이 피며 이 꽃은 관음의 버선이라 전해 오고 있다.

버선꽃 전설의 현장과 버선꽃(오른쪽) (예산 수덕사)

20세기 들어서 일제강점기인 1911년에는 조선총독부가 내린 사찰령으로 인하여 수덕사는 마곡사의 말사로 들어갔다. 이 당시 수덕사는 근대 한국 불교의 선풍(禪風)을 진작시킨 경허(鏡虛, 1849~1912) 스님과 그의 법맥을 이은 만공(滿空, 1871~1946) 스님이 주석하시며 한국 선불교의 중흥을 일으켰다.

이후 1962년 조계종 총회는 수덕사를 마곡사 말사에서 제7교구 본사로 승격시켰고, 1984년에는 총림으로 승격하면서 오늘날 대한민국 7대 총림[27] 가운데 하나인 덕숭총림(德崇叢林)으로 그 위상을 높이고 있다.

수덕사는 대웅전을 비롯하여 수많은 전각이 존재한다. 이 가운데 사찰 밖 암자로서 만공 스님이 참선도량으로 세운 정혜사(定慧寺), 비구니 참선도량 견성암(見性庵), 경허, 만공, 혜월 스님의 영정을 모셔 둔 금선대(金仙臺), 비구니 스님들이 기거하며 수도하던 암자이며 여류 문인으로 이름이 높았던 일엽 스님이 주석하고 열반한 장소인 환희대(歡喜臺), 그리고 만공스님의 업적을 기리기 위하여 1947년에 세운 만공탑 등이 특히 유명하다.

예산 수덕사 만공탑

수덕사의 주요 문화재로는 대웅전(국보 제49호)을 비롯한 국가지정문화재로 수덕사 노사나불 괘불탱(보물 제1263호), 수덕사 목조석가여래삼불좌상(보물 제1381호) 및 복장 유물 등이 있다.

27　총림(叢林)이란 승려들의 참선 수행 전문도량인 선원(禪院), 경전 교육기관인 강원(講院), 계율 전문교육 기관인 율원(律院) 등을 모두 갖춘 사찰을 말한다. 우리나라에는 해인사, 통도사, 송광사, 수덕사, 범어사, 동화사 그리고 쌍계사 등 7대 총림이 있다. 백양사는 2020년 11월 총림에서 해제됨.

🞕 수덕사 대웅전

수덕사 대웅전 정면 및 측면

- **명칭**　　　　: 수덕사 대웅전
- **소재지**　　　: 충남 예산군 덕산면 수덕사길 79 (사천리) 수덕사
- **규모**　　　　: 정면 3칸 측면 4칸
- **지붕**　　　　: 맞배지붕
- **공포**　　　　: 주심포양식
- **천장**　　　　: 연등천장
- **문화재 지정**: 국보 제49호
- **제작연대**　: 1308년 (충렬왕34) - **건립연도 확실**

수덕사 대웅전은 고려시대의 목조 불전이다. 1937년부터 4년간에 걸친 해체 및 수리 작업 중에 발견된 묵서명(墨書銘)에 의해 1308년(고려 충렬왕34)에 세워졌음이 공식 확인되었다.

수덕사 대웅전의 규모는 정면 3칸, 측면 4칸에, 맞배지붕, 공포는 주심포양식을 취하고 있다. 건물 외부의 기둥은 낮고 배흘림은 뚜렷이 드러나며 기둥 사이는 넓어서 안정감을 준다. 또한 헛첨차를 써서 공포가 주두 아래에서 시작되는데 이런 특징들을 백제계 건축양식이라고 한다.

흔히들 주심포양식에 맞배지붕을 한 목조 건물의 아름다움은 측면에 있다고 한다. 수덕사 대웅전이 특히 그러하다. 언어의 마술사들은 수덕사 대웅전의 측면을 언급할 때, 한 마리 학이 날갯짓하며 내려앉는 모습이라고 표현하기도 한다. 고려시대 건축물 6동 가운데 측면이 가장 아름다운 곳은 단연코 수덕사 대웅전이다. 그 아름다움의 중심에 '우미량(牛尾梁)'이란 목재 부재가 있다.

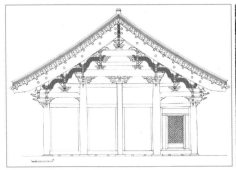

수덕사 대웅전 측면 우미량 (출처 : 문화재 연구소, 구글에서 캡처)

우미량이란 소꼬리처럼 곡선으로 만든 목재 부재이다. 이 나무의 역할은 다른 '보' 처럼 기둥을 연결하는 것이 아니라 위에 있는 도리에서 아래에 있는 도리를 연결하는 부재이다. 우미량은 지붕의 무게가 기둥에 골고루 분산하여 전달하도록 고안된 나무 부재이다. 다포나 익공 형태에서는 나타나지 않고 오직 주심포 건물에만 나타난다. 주심포 건물 가운데에서도 오직 수덕사 대웅전에서만 볼 수 있다. 수덕사 대웅전 종단면도를 보면 종도리를 기준으로 양쪽에 각각 3개씩 6개의 우미량이 걸려 있다. '아는 만큼 보인다' 라는 표현은 이럴 때 사용한다.

대웅전 내부를 보면 천장을 완전히 노출한 연등천장이라서 기둥과 보, 서까래 등 목재의 모양과 질감이 자연스럽게 드러나 있다. 또한 건물의 내부에 설치된 기둥의 중간 부분이 부풀려진 배흘림기둥으로 지어져 안정감이 있다.

수덕사 대웅전 삼세불

한편, 대웅전 내부에는 석가모니불을 중심으로 왼쪽에 약사불, 오른쪽에 아미타불을 모신 삼세불을 봉안하고 있다. 이 불상들은 수덕사의 중흥조인 만공선사가 전북 남원에 있는 만행산 귀정사(歸淨寺)로부터 이운해 온 것이라고 한다. 불상 내부에서 나온 조성기에 의하면 1639년(인조17)에 이 불상들이 제작되었다는 것을 알 수 있다. 이러한 삼세불 조성은 조선이 양대 전란을 겪은 사회의 혼란을 가라앉히고 무병장수를 염원하는 시대적 조류를 반영하여 조선 후기에 특히 많이 조성되었던 것 같다. 그리고 삼세불 뒤편에는 후불탱화로 삼세불화가 걸려 있다. 탱화의 하단에 남아있는 화기(畵記)에 의하면 이 불화는 1908년(융희2)에 목우 스님 등이 참가하여 제작한 것으로 나타나 있다.

(5) 은해사 거조암 영산전

은해사

팔공산(八公山) 자락에 있는 영천 은해사(銀海寺)는 809년(신라 헌덕왕1)에 혜철국사가 해안평이란 지역에 해안사(海眼寺)로 창건했다. 이후 고려 및 조선시대를 거치면서 중창 및 중건을 반복하다가 1545년 제12대 왕인 인종 원년에 큰 화재로 사찰이 전소되었다. 그 이듬해 1546년 제13대 왕인 명종 원년에 천교화상이 지금의 장소로 법당을 옮겨 절을 새로 지었다. 이때 법당과 비석을 건립하여 인종의 태실을 봉(封)하고 절 이름을 은해사로 바꾸면서 왕실의 원찰로 지정됐다.

은해사란 불보살 나한 등이 중중무진(重重無盡)으로 계신 것처럼 웅장한 모습이 마치 은빛 바다가 춤추는 극락정토와 같다 하여 붙여진 이름이다. 또, 사찰 주변에 안개가 끼고 구름이 피어날 때면 그 광경이 은빛 바다가 물결치는 듯하다고 해서 붙여진 이름이기도 하다.

은해사는 왕실의 원찰로 지정되면서 꾸준히 사세를 확장해 왔지만 1847년(헌종13), 창건 이래 가장 큰 화재로 피해를 보게 되어 극락전을 제외한 모든 건물이 소실되었다. 그러나 왕실을 비롯하여 각계각층의 지원에 힘입어 은해사는 1849년(헌종15)에 중창 불사를 마무리 할 수 있었다. 이때 여러 전각이 건립되었는데, 이 가운데 대웅전과 보화루, 불광 등 3개의 편액이 추사 김정희의 글씨[28]로 채워졌다.

---

28 은해사는 국내 사찰 가운데 추사 김정희가 쓴 현판을 가장 많이 보유하고 있다. 위에서 언급한 3점의 현판 가운데 대웅전과 불광 현판은 현재 은해사 성보박물관에 가면 만날 수 있다.

은해사 성보박물관에 보관된 추사 글씨 (대웅전 및 불광)

은해사는 극락보전을 주불전으로 삼고 있는 미타도량으로, 인종 임금의 태실을 수호하며 유교 국가에서 불교의 명맥을 지켜온 조선 왕실의 원찰로서 그 명성이 높다. 일제강점기에는 조선 31 본산, 경북 5대 본산이었으며, 현재 대한불교조계종 제10교구 본사이다.

지정문화재로는 은해사 거조암 영산전(국보 제14호), 은해사 백흥암 수미단(須彌壇)[29](보물 제486호), 은해사 운부암 금동보살좌상(보물 제514호), 영천 은해사 괘불(보물 1270호), 은해사 염불왕생첩경도(보물 제1857호) 등이 있고, 산내 암자로는 운부암, 거조암, 기기암, 백흥암, 묘봉암, 중암암[30], 백련암, 서운암 등이 있다.

---

29 백흥암은 은해사 산내 암자로서 비구니 사찰 수행처이다. 평소에는 출입을 금하고 있으며 일 년에 단 2회(부처님오신날, 칠월 백중일) 출입이 가능하다. 주불전인 극락전의 처마 곡선이 아름다우며 특히, 백흥암의 수미단은 국내에서 가장 화려하다.
30 중암암은 은해사 산내 암자로서 팔공산 가장 높은 곳에 위치한다. 팔공산 갓바위, 거조암 영산전 오백나한과 더불어 팔공산 3대 기도처로 알려져 있다.

⑧ 거조암 영산전

은해사 거조암 영산전 정면 및 측면

- **명칭** : 은해사 거조암 영산전
- **소재지** : 경북 영천시 청통면 거조길 400–67 (신원리) 은해사 거조암
- **규모** : 정면 7칸 측면 3칸
- **지붕** : 맞배지붕
- **공포** : 주심포양식
- **천장** : 연등천장
- **문화재 지정** : 국보 제14호

팔공산 동쪽 기슭에 위치한 거조암(居祖庵)은 은해사 창건 시기보다 앞선 8세기 중엽[31] 거조사란 이름으로 건립되었다. 조선 후기 여러 번의 중수 후 1912년 은해사 말사로 통합되면서 거조암이라 부르게 되었다. 영산전은 거조암의 주불전으로 석가삼존상과 영산법회를 묘사한 후불탱화, 그리고 526분의 각기 다른 표정의 석조 나한상을 모신 유서 깊고 영험 있는 나한기도도량으로 유명하다.

1960년대 영산전을 해체 보수할 때 발견된 묵서명(墨書銘)에 의하면, 고려 우왕 원년 (1375)에 건립되었다고 한다.

---

31 거조사는 신라 효성왕 2년(738) 원참 조사가 창건했다고도 하고, 경덕왕(742~764) 대에 창건했다고도 한다.

거조암 영산전 내부 526나한의 다양한 표정들

영산전의 규모는 정면 7칸 측면 3칸, 단층 홑처마, 맞배지붕에 소박하고 간결한 주심
포계 건물이다. 중앙의 어칸에는 3분합 출입문을 달고 좌우 양 끝 2칸에는 튼실한 살
창을 내었다. 살창은 양쪽 측면에도 아래위 2단으로 설치했다. 벽체는 아무런 칠을 하
지 않은 토벽 그대로이다. 건물 뒷면을 보면 작은 살창이 가운데 칸에 하나만 있다. 이
런 구조는 산에서 내려오는 찬 기운과 습기를 막아주는 효과가 있다.

거조암 영산전은 오백나한을 모신 나한도량으로 널리 알려졌지만, 고려 말 타락한 불교
를 개혁하고자 한 보조국사 지눌(知訥, 1158~1210)의 정혜결사(定慧結社) 운동이 처음
시작된 곳이기도 하다. 정혜결사란 정(定)과 혜(慧)를 함께 수행해야 한다는 정혜쌍수론
(定慧雙修論)을 바탕으로, 세속화되고 정치와 연관되어 타락한 불교를 지양하고 '승려
본연의 자세로 돌아가자'라는 기치를 내걸고 선(禪) 수행에 전념하자는 불교개혁 운동
이다.

거조암 내 현존하는 건물로는 영산전(국보 제14호)을 비롯해 삼층석탑(경상북도 문화
재자료 제104호), 요사채, 영산루, 산신각, 설선당 등이 있다.

(6) 임영관 삼문

강릉 임영관

강릉대도호부 관아 전경 (원 내부는 임영관 삼문)
출처 : MBC강원영동UHD스페이스 강원에서 캡처

강릉 임영관지는 강릉부 객사 건물인 임영관 터를 말한다. 객사(客舍)란 고려와 조선시대 각 고을에 두었던 지방 관청의 한 형태이다. 주된 업무는 왕을 상징하는 나무패를 모셔두고 초하루와 보름에 궁궐을 향해 절을 하는 망궐례를 행하는 것이며, 중앙에서 오는 관리나 내빈을 대접하고 묵게 했던 오늘날 공무원 지정 숙소라 할 수 있다. 강릉 객사문으로 오랫동안 불리다가 2014년 '강릉 임영관 삼문' 으로 개칭해서 부르고 있다.

강릉부 읍지 기록에 의하면, '936년(고려 태조19)에 강릉을 동원경(東原京)이라 칭하고 임영관을 창건' 하였다고 한다. 하지만 창건 당시의 규모 등은 확인할 수 없고 여러 차례에 걸쳐 중수와 증축을 거듭하다가 일제강점기인 1927년에 강릉 공립보통학교 건물로 이용했다. 총 83칸의 규모였으나 일제강점기 때 대부분 헐리고 삼문만 남게 되었다.

144

현재 문루에 걸려 있는 '임영관' 이란 제액은 고려 공민왕이 낙산사 가는 길에 들러서 쓴 친필이라고 전한다. 현재의 것은 1970년대에 모사하여 제작된 것이다.

1993년에 강릉시청 건물을 지을 계획으로 발굴 조사를 한 결과, 고려, 조선에 이르는 관아 성격의 건물터 연구에 중요한 자료를 얻을 수 있는 자리임을 알게 되었다. 또한, 조선시대 '임영지' 의 기록을 통해 이 유적의 중요성과 옛 강릉부의 역사와 문화를 알려준다는 점에서도 중요한 유적으로 평가되고 있다.

현재 지정구역 내에는 객사를 비롯하여 지방관의 집무처인 동헌(東軒)과 아문의 문루 등이 복원되어 있으며 관청 건물인 칠사당[32] 등이 자리하고 있다.

임영관 현판 (고려 공민왕의 친필을 모사 제작한 글씨)

---

32 칠사당은 조선시대의 관청 건물로 호적, 농사, 병무, 교육, 세금, 재판, 풍속의 7가지 정사에 관한 일을 베풀었다는 데서 이름이 유래했다. 강원도 유형문화재 제7호로 지정 보호 받고 있다.

❀ 강릉 임영관 삼문

강릉 임영관 삼문 정면 및 측면

- **명칭** : 강릉 임영관 삼문(일명 강릉 객사문)
- **소재지** : 강원도 강릉시 임영로 131번길 6 (용강로)
- **규모** : 정면 3칸 측면 2칸
- **지붕** : 단층 맞배지붕
- **공포** : 주심포양식
- **제작연대** : 고려 말 (일제강점기 때 해체했으나 보고서가 없어 연대가 불투명)
- **문화재 지정** : 국보 제51호

강릉 임영관 삼문은 강릉 객사의 정문이다. 현재 객사 건물은 없어지고 이 문만 남아 있다. 2001년 구조 부재가 일부 부식되고 변형이 일어나 해체보수가 결정되었다. 해체 보수가 신중히 진행되는 동안 일제강점기 때 시공된 콘크리트 기초가 확인되어 다시 전통 방식의 기초로 복구하였으며 구조적 성능을 할 수 없는 부재들은 일부 교체하였다. 해체부터 준공에 이르기까지 모든 과정이 세세히 기록되었으며 보수 과정에서 부재의 보존처리와 재사용, 신부재의 사용 등 보존 철학과 원칙에 대한 많은 논의를 거친 후 보수가 이루어졌다.

이 삼문은 정면 3칸 측면 2칸의 평삼문으로, 단층 홑처마집의 맞배지붕에 공포는 주심포양식의 건물이다. 작은 구조물이지만 단순하면서 간결하다. 판문이 설치된 중앙의 기둥은 각주로 하고, 자연석 주초 위의 전후열의 기둥은 배흘림이 강한 원주로 된 독립기둥으로 건물 전체의 인상을 결정하고 있다. 또한 기둥 위로부터 높이의 1/3 지점이 가장 직경이 큰 배흘림이 사용되어 당시 건축의 특징을 잘 보여주고 있다. 비례감과 조형감 등 단이하면서도 안정감을 지닌 이 삼문은 쇠서, 첨차, 화반, 보 등 고려시대 건축의 모습을 곳곳에서 보여준다. 주두와 소로는 고려시대 주심포계의 건축에서 보이는 곡면으로 처리된 주두굽과 굽받침으로 되어 있고, 첨차의 배면도 연속 연화무늬의 쌍S자 곡선으로 처리하여 구조 부재이지만 형태의 미를 표현하여 전반적으로 부드러운 모습을 보여준다.[33]

일제강점기 때 해체했으나 보고서가 없어 연대가 불분명하지만, 공포는 헛첨차가 있는 주심포양식이며 기둥 위에 놓은 주두와 헛첨차 위에 놓은 소로들은 굽면이 모두 곡면이고 굽받침을 두어 전반적으로 첨차의 변형으로 나타난 쇠서의 초기적인 형태를 보인다. 이런 기법을 고려해 볼 때 고려 말 작품으로 추정한다.

사찰이 아닌 목조건물로서 임영관 삼문은 한국에서 가장 오래되었으며, 강원도 내 목조 건축물 중 유일하게 국보로 지정된 소중한 문화재로 한국 목조 건축사에 매우 중요한 의의가 있다.

---

33 박경립, '역사문화도시 강릉에서 만난 국보 제51호 강릉 임영관 삼문', 문화재사랑, 2016년 3월호에서 발췌

제4장

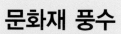

문화재 풍수

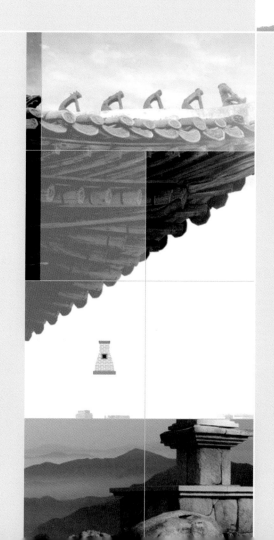

1. 풍수 : 바람 풍(風), 물 수(水)

풍수는 인간이 땅에서 살면서 좋은 기운이 느껴지는 곳을 찾는 데서 유래했다. 살아 있는 생명의 기운이 감도는 곳, 즉 생기(生氣)가 있는 땅이 개인이나 사회의 발전에 커다란 도움이 되고 있음을 경험한 인간은 점차 좋은 땅을 구하고자 그 방법을 모색하게 된다. 그런데 살기 좋은 땅에 대한 생각은 주어진 환경에 따라 큰 차이를 보이고 있다. 동양과 서양의 시각이 다르며, 심지어 동양이라 할지라도 우리나라와 중국, 그리고 일본의 땅에 대한 시각 또한 확연히 다르다. 이렇게 다른 터전 아래에서 각 나라는 자신만의 독특한 문화를 발전 시켜 나가는 데 혈안이 되고 있다. 이에 부응이라도 하듯, 유네스코는 각국의 다양한 문화를 보존하는 선언[34]을 채택함으로써 서로 다른 문화를 인정하고 존중하는 기관으로서 구심점 역할을 하고 있다. 문화 간의 차이와 다양성이 존중되는 21세기, 우리가 사는 땅에 대한 선조들의 생각을 읽어내는 작업은 민족의 정체성을 찾아내는데 더없이 중요한 과제이다. 풍수가 전통지리학의 일환으로 재조명되어야 하는 이유가 바로 여기에 있다.

● 땅을 바라보는 선조들의 자세

우리의 전통지리학인 풍수에서 땅은 살아있는 생명체라고 가르친다. 즉, 땅은 광물이나 자원의 생산 및 개발의 대상이 아니라 생명력을 지닌 존재로서 인간과 조화를 이루면서 함께 숨 쉬고 살아가는 유기체다. 이런 인식의 결과, 개발하더라도 지형을 훼손시키지 않고 순응하는 개발에 초점을 맞추었으며, 설령 불가피하게 지형을 변경시킬 경우 최소한의 흔적만 남기는 지혜를 발휘해 왔다. 이런 현장을 우리는 창덕궁과

---

34 유네스코 문화 다양성 선언 : 2001년 11월 2일 프랑스 파리 제31차 유네스코 총회에서 채택한 선언으로, 강대국이든 약소국이든 자국의 문화를 유지하고 종의 다양성을 보존해야 한다는 내용을 담고 있다.

불국사에서 만날 수 있다.

창덕궁은 경복궁과 더불어 조선을 대표하는 궁궐이다. 자연과의 조화로운 배치와 한국적인 정서가 담겨있다는 점이 인정되어 1997년 유네스코 세계문화유산에 등재된 유일한 궁궐이 창덕궁이다. 이곳의 주 건물[35]은 인정전인데, 출입 시 반드시 인정문을 거쳐야 한다. 그런데 인정문 앞마당은 그 형태가 좀 특이하다. 현장에서 확인하는 일은 쉽지 않지만 도면이나 항공사진의 도움을 받아 지형을 살펴보면 반듯하지 않은 사다리꼴 형태의 마당이 나타난다. 이렇듯 상식에 어긋나는 배치임에도 불구하고 그 이유를 설명해 주는 문헌 자료나 건축 이론은 그 어디에도 없다. 현장은 분명히 존재하는데 그 이유를 설명하는 문헌 자료는 찾을 수가 없다. 이것이 오늘날 대한민국 문화재 교육의 현 주소이다.

창덕궁 인정문 앞마당의 모양이 반듯하지 않은 이유는 동남쪽에 있는 작은 동산 때문이다. 이곳은 종묘로 연결되는 풍수 지맥이므로 누구도 손댈 수 없는 성역이란 사실을 창덕궁을 설계한 책임자[36]는 잘 알고 있었다. 따라서 궁궐의 마당이라는 상징성이 있음에도 불구하고 오늘날 우리가 보는 것처럼 반듯하지 않게 조성했던 것은 결국 '풍수'의 영향 때문이다. 창덕궁에 가시거든 돈화문으로 입장해서 금천교 다리를 건

---

35 궁궐의 중심이 되는 건물을 정전이라고 부른다. 경복궁의 근정전, 창경궁의 명정전, 덕수궁의 중화전, 경희궁의 숭정전 등이 모두 정전에 해당된다.

36 박자청(1357~1423) 조선 전기 양반가의 하인에서 출발하여 궁궐의 내시로 발탁 후 최종적으로 종1품에 해당하는 공조판서, 판한성부사까지 오르는 입지적인 인물. 건축에 탁월한 재능을 보였다. 경복궁 경회루, 태조 이성계의 왕릉, 그리고 창덕궁의 설계 등이 모두 그의 손을 거쳐 갔다. 창덕궁 인정전 밖 외행각 마당의 축조 감독 도중 측량 실수로 기울어지자 직무 태만으로 하옥되었으나 오해로 판단되어 곧 풀려남. 그의 손길이 미친 창덕궁은 북한산 보현봉에서 내려오는 산줄기가 응봉으로 연결되는데 그 지형지세를 그대로 살려서 궁궐을 조성한 덕분에 가장 한국적인 궁궐로 평가를 받고 있다.

넌 후 두 번째 출입문인 진선문에 도달해서 걸음을 멈추고 인정문 앞마당의 형태를 음미해 보시라.

창덕궁 인정전의 정문인 인정문 앞마당의 형태가 사다리꼴이다.
출처 : KBS 공사 창립특집 8부작, 유네스코 세계유산 – 자연의 타임캡슐
　　　제1편. 왕의 거처 창덕궁에서 캡처(2017. 2. 18. 방영)

땅의 생명력을 존중하는 개발을 언급 시, 필자는 불국사 관음전에 올라가는 계단이 생각난다. 관음전은 불국사에서 가장 높은 장소에 위치한다. 불국사의 중심 영역인 대웅전과 뒤편 강당인 무설전을 지나면 관음전에 오르는 계단을 만나게 된다. 이곳의 계단은 폭이 좁을 뿐만 아니라 유독 가파르다는 인상을 준다. 왜일까? 이유는 관음보살의 상주처인 보타락가산을 오르는 계단임을 상징적으로 표현했다는 주장도 있다. 이 이야기의 진위 여부는 차치하고라도 가파른 계단에서 그런 이야기를 만들어 내는 창의성이 놀랍기만 하다. 다만 땅의 생명력에 대한 확고한 신념을 지녔던 선조들의 입장에서 보면, 불국사 중창은 산을 훼손시켜야 하는 어려운 공사였지만 토함산의 산

줄기를 가능한 한 훼손시키지 않고 절을 건립하겠다는 선조들의 확고한 신념이 관음전 올라가는 계단을 가파르게 한 원인이 아닐까 생각된다. 그래서 불국사 관음전을 언급할 때 필자는 선조들의 자연관과 불심이 반영된 극락으로 가는 계단이란 표현을 사용한다.

불국사 관음전 오르는 계단

● 장풍득수

풍수(風水)는 '장풍득수'(藏風得水)의 줄임말이다. '바람을 저장하고, 물을 얻는 일'이 풍수의 핵심이다. '장풍득수'를 하려면 어떻게 해야 하는가? 배산임수(背山臨水)를 하면 된다. 즉, 뒤에서는 불어오는 바람을 막아주고 앞에서는 물을 얻는다는 원리이다. 여기에다 하나 더 추가한다면 좌청룡(左靑龍), 우백호(右白虎)가 빠질 수 없다. 좌우로 청룡과 백호에 해당하는 산이 있으면 장풍을 하는데 효과적일 수 있다. 이는 산이 많고 차가운 겨울철 북서계절풍에 노출된 한반도의 지형 조건에 비추어 보더라도 이상적인 배치가 아닐 수 없다.

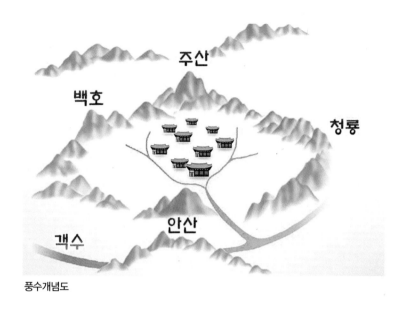

풍수개념도

● **풍수가 미신으로 취급 당하는 이유**

이런 명료한 원리를 지닌 이론이 있음에도 불구하고 풍수에 대한 반감은 그 뿌리가 매우 깊다. 특히, 서구 학문의 영향을 받은 지식인들의 풍수 혐오감은 상상을 초월한다. 오늘날 지식인들은 과학적인 이론과 문헌 자료들이 그들을 지탱해 주는 강력한 자산이라고 믿고 있다. 그런데 풍수에는 이 두 가지가 모두 결여되었다는 것이다. 과학이 종교가 되어 버린 오늘날, 이 말에 어느 정도 수긍은 간다. 그러나 21세기 최첨단의 과학 지식을 자랑하는 서구 사회에서조차 현대 과학의 한계성을 극복하려는 신과학운동[37](new science movement)이 활발하게 전개되고 있으며, 문헌 기록은 시대

---

37 신과학운동이란 이제까지의 자연과학사상을 근본적으로 반성하고 새로운 세계관에 입각한 과학 사상을 모색하려는 운동이다. 신과학 운동자들은 현대문명의 밑바탕에 깔린 뉴턴(1643~1727)의 기계론적 물질관과 데카르트(1596~1650)의 심신이원론이 자연과 인간을 잘못 풀이해서 그 결과가 오늘날의 병폐와 연결된다고 주장한다. 그래서 신과학운동은 자연과의 조화, 눈에 보이지 않는 것을 중시하는 방향으로 나아가고 있는데 이는 근대 서구세계보다 동양세계의 전통 속에서 찾을 수 있는 것으로 보고 동양사상에 접근하고 있다.

상황에 따라 변질될 수 있다는 것은 이미 많은 연구에서 밝혀진 사실이므로, 더 이상 이런 주장은 설득력이 떨어질 수밖에 없다.

풍수가 사회에서 인정받지 못하고 매도되는 또 하나의 원인은 조선조 무덤 자리를 둘러싸고 일어나는 여러 가지 폐단 때문이다. 이는 조선조 유교사회에서 자식의 최고 덕목은 '효'의 실천이라는 명분을 앞세워 부모님이 돌아가시면 좋은 곳에 모셔서 그 영향을 자손이 누리겠다는 과욕이 빚은 사회적 갈등 현상의 결과이다. 하루아침에 부귀영화를 누리려고 날뛰던 탐욕가들의 행태는 오늘날에도 긴 그림자를 드리우고 있다. 좋은 무덤터를 찾는 행위는 정도의 차이는 있겠지만 현재도 진행형이다. 하지만 좋은 터를 얻으려면 오랫동안 좋은 일을 하거나 덕을 쌓아야 한다는[38] 풍수의 진정한 교훈에 귀를 기울일 필요가 있다.

마지막으로 풍수가 미신으로 취급당하는 가장 큰 원인은 일제강점기 때 일본인들이 식민지 통치 수단의 일환으로 풍수를 교묘히 이용했다는 사실이다. 그들은 한반도에 유행하는 풍수를 하찮은 미신으로 치부해 버리는 척했지만, 정작 그들이 이 땅에서 풍수의 흔적을 지우려고 혈안이 된 그 현장[39]들을 우리는 잘 알고 있다.

---

38 좋은 터를 얻으려면 덕을 쌓아야 한다는 풍수의 진정한 가르침은, 풍산 류씨가 안동 하회마을에 정착하는 과정과 관련된 전설이 좋은 예가 될 것 같다. 하회마을에 들어온 풍산 류씨의 입향조 류종혜 공은 하회마을에 터를 정한 후 집을 건축하려 하였으나 기둥이 3번이나 쓰러져 크게 낭패를 당하던 중 꿈에 신령이 현몽하길 "여기에 터를 얻으려면 3년 동안 활만인(活萬人)을 하라"는 계시를 받고 큰 고개 밖에다 초막을 짓고 행인에게 음식과 노자 및 짚신을 나누어주기도 하고, 참외를 심어 인근에 나누어주기도 하면서 수많은 사람에게 활인(活人)을 했다. 이후 풍산 류씨는 하회마을에 터전을 마련할 수 있었다.

39 일제강점기 때 일본의 지도자들은 조선을 통치하는 데 가장 걸림돌이 되는 이념이나 사상이 무엇인지 조사를 했다. 조사 결과, 조선말과 역사 그리고 풍수 등이 조선인의 정신에 가장 큰 영향을 끼친다고 인식한 그들은 이들을 말살하는 데 총력을 기울였다. 조선어와 역사에 대한 탄압들은 익히 배워서 잘 알고 있지만, 우리 땅의 기운을 그들이 함부로 훼손한 행위는 우리들이 잘 모르는 것 같다. 대표적인 파괴 지역은 아래와 같은데 지금도 그 흔적들은 현장에서 확인이 가능하

156

이렇듯 자의 반 타의 반, 풍수가 맹목적으로 불신을 당하고 있지만, 미신타파와 불교를 배척한 조선에서조차 풍수는 하나의 당당한 학문으로 자리를 잡고 500년 조선왕조와 그 맥을 같이 했다는 사실[40]에 주목할 필요가 있다. 또한 100대 민족문화 상징물[41]로 풍수가 선정되었으며, 풍수지리설에 근거를 두고 조성한 조선왕릉[42]이 풍수라는 이름을 걸고 세계인이 인정하는 세계문화유산에 등재된 사실 등을 놓고 볼 때, 우리 문화에 애정을 가지고 연구 개발하는 작업에 얼마나 무심하게 외면했는지 깊이 성찰할 필요가 있다.

다. 첫째, 창덕궁과 종묘를 연결하는 곳에 도로(율곡로)를 개설하여 종묘로 들어오는 지맥선을 차단한 현장. 둘째, 경주 선덕여왕릉과 아래 사천왕사지 사이로 철도를 부설하여 호국사찰의 기맥을 차단한 현장(이곳은 신유림이라 해서 신라인들이 가장 소중히 생각하는 장소), 셋째, 가야국의 탄생설화와 관련된 김해 구지봉의 거북이 목 부분의 지형을 차단해 도로를 개설한 현장(가야의 혼이 깃든 곳) 등이 있다. 이외에도 전국적으로 이런 현장은 무수히 많이 존재한다.

40 『조선왕조실록』에 풍수 관련 기사는 1,292건에 이른다. 풍수는 조선시대 과거시험에 음양 풍수학, 풍수학, 지리학 등으로 개칭되면서 정식 과목으로 채택되었으며, 그 전통은 순조 때까지 유지했다. 특히 풍수에 대한 세종대왕의 언급은 시사하는 바 크다. 임금이 보시고, 승정원에 이르기를,
"어효첨의 논설이 정직하다. 내 그 글을 보고 마음으로 감동하였노라. 풍수서(風水書)라는 것이 믿을 것이 못 되는 것 같으나, 옛사람들이 다 그것을 썼고, 재상으로 하륜(河崙)·정초(鄭招)·정인지(鄭麟趾)가 다 풍수서를 알고 있으니, 이런 사람들에게 풍수술을 자문(咨問)할 것이고, …… 중략…… 풍수학의 옳고 그름은 내가 독단할 것이 아니니 마땅히 제조(提調)들에게 의논하리라." 하고, 곧 그 글을 풍수학에 내렸다.   〈조선왕조실록, 세종 26년(1444), 12월 21일 자〉
41 문화관광부에서는 2006년 우리나라의 민족적 사회적 관습, 문화적 원형이 잘 간직된 100대 민족문화상징물을 선정했다. 풍수는 전통적 환경 사상이자, 선조들의 삶의 지혜가 응축된 자연생태학이고 전통적 최적 주거입지론이란 이유로 선정되었다. 풍수 이외에 백두대간, 백두산, 금강산, 한옥, 온돌, 초가집 등도 선정되었다는 사실은 시사하는 바가 크다.
42 조선왕릉 40기가 2009년 유네스코 세계문화유산으로 등재되었다. 유산위원회에서는, 조선왕릉은 풍수지리사상을 바탕으로 조영되었으며 …… 아름다운 주변 산세와 어우러져 주목할만한 신성한 공간을 창출하였고 …… 600년 이상 제례 의식을 거행하면서 살아있는 전통을 간직한 독특한 공간이라고 평가했다.

2. 한국의 자생풍수 : 형국론

> 신라 말 도선(道詵, 827~898)과 같은 선종(禪宗) 승려들은 중국에서 유행한 풍수
> 지리설을 들여왔다. 풍수지리설은 산세와 수세를 살펴 도읍, 주택, 묘지 등을 선정
> 하는 인문지리적 학설로, 국토의 효율적인 이용과 관련되어 있다.
>
> 〈고등학교 국사 교과서 p.258〉

위 내용으로 판단컨대 풍수는 9세기 중엽 경 중국에서 도입된 인문지리학이다. 도입
시기와 관련해서 시험에도 자주 출제가 되니 믿고 암기할 수밖에 없다. 하지만, 과연
그럴까?

대한민국은 전 국토의 70%가 산[43]으로 둘러싸인 산악 국가이다. 항상 산을 바라보면
서 살아 온 민족이기에 한국인의 정서 속에는 산에 대한 독특한 풍토가 담겨 있다. 그
래서 좋은 산기운이 펼쳐진 장소를 발견하면 그냥 지나치지 않고 그에 부합되는 인간
이나 동식물의 이름을 부여함과 동시에 그곳에 정착하여 삶을 영위하고 있다. 그 자
취는 오늘날까지 지속되어 전통마을이라는 명맥 하에 잘 보존되고 있다. 그런 이름을
지닌 대표적인 마을이나 가옥은 다음과 같다.

- **금계포란형** (金鷄抱卵形) : 닭이 알을 품은 형상 ········ 봉화 닭실마을
- **연화부수형** (蓮花浮水形) : 연꽃이 물위에 떠 있는 형상 ········ 안동 하회마을
- **옥녀세발형** (玉女洗髮形) : 옥녀가 머리를 감는 형상 ········ 경주 불국사
- **금귀몰니형** (金龜沒泥形) : 거북이가 땅속에 묻혀 있는 형상 ········ 구례 운조루
- **와우형** (臥牛形) : 소가 누워 있는 형상 ········ 봉화 계서당 (이몽룡 생가)

---

43 산림청 자료에 의하면, 남한에는 산이 4,414개가 있는데, 이 가운데 꼭 가봐야 할 산으로 추천한 경우도 1,338개가 선정
될 만큼 우리나라에는 산이 많다.

이렇듯 산을 의인화하여 이름을 붙이는 그 이면에는, 어떤 모양을 닮은 산은 그 모양에 부응하는 기운이 내재되어 있다는 한국인만의 독특한 산기운에 대한 믿음이 작용하고 있다. 이와 같이 산의 형상을 사람이나 동식물 혹은 자연현상에 비유하여 좋은 터를 찾거나 설명하는 풍수이론을 '형국론'이라고 한다. 이는 한반도 내에서 우리 선조들에 의해 창출된 것이라 '자생풍수'라고 부르기도 한다. 이런 형국론에 근거를 둔 자생풍수는 문헌[44]이나 문화재 현장에서도 쉽게 발견할 수 있다.

민속학자 김광언 교수의 연구에 의하면[45] 지금까지 알려진 좋은 터의 유형은 모두 266곳에 이르며, 이를 종류별로 분류하면 다음과 같다.

형국론의 유형
- **사람** : 장군형, 신선형, 옥녀형
- **동물** : 용, 호랑이, 소, 개, 거북이
- **조류** : 봉황, 닭, 솔개, 까마귀, 기러기
- **꽃** : 연꽃, 매화, 모란
- **글자** : 일(日), 월(月), 야(也), 물(勿), 용(用) 자형
- **천체** : 보름달, 초승달

위에 언급한 형국론의 사례를 수치로 분류해 보면, 동물과 조류 형국이 가장 많다. 이 가운데 한국인들은 닭이 알을 품고 있다는 '금계포란형' 지형을 가장 선호하는 것 같다. 아파트 분양 광고의 문구를 보더라도 '금계포란형' 명당이라고 하면 분양이 일찍 마감 된다는 말을 건설회사 관계 소장에게 직접 들은 적이 있다.

---

44 풍수에 대한 최초의 역사적 기록은 아래에서 찾을 수 있다.
　　『삼국유사』 권 1, 기이편, 탈해왕조
　　『삼국사기』 신라본기, 탈해이사금조
45 김광언, 풍수지리, 『빛깔 있는 책들』, 대원사, 1995, pp.24~37

이처럼 산의 형상을 보고 독자적으로 판단한 우리의 고유한 형국론은 오늘날까지 은 연중에 생활 속에 스며들어 영향을 끼치고 있다. 산기운이 과학적으로 증명이 되느냐 아니냐는 차치하고라도 한국인의 의식 속에 이러한 정서가 뿌리 깊이 박혀 있다는 사 실이 무엇보다 중요하다.

● 형국론의 응용(사례)

경북 봉화에 가면 유서깊은 사찰 지림사(智林寺)[46]가 있다. 지림사에는 '봉화 북지리 마애여래좌상'이라 불리는 불상이 한 점 봉안되어 있는데, 조성 시기가 7세기 후반경 이라고 전문가들은 말한다. 우리가 주목하는 것은 이곳의 불상이 놓여진 위치가 풍수 의 형국론과 밀접한 관련이 있다는 사실이다. 만약 이것이 사실이라면 풍수의 도입 시기는 우리가 이미 학교에서 배운 내용과 다를 수 있다. 이 점을 염두에 두고 지림사 의 불교유적과 자생풍수와의 관계를 알아보자.

---

46 지림사는 경북 봉화군 물야면 문수로에 위치한다. 673년(문무왕 13)에 의상대사가 지림사에서 앞산을 바라보니 서광이 비쳐 빛이 닿는 곳에 현재의 축서사를 지었다는 설화로 보아 역사가 깊은 사찰이다. 1947년 현 위치에 지림사를 재건하 여 국보로 지정된 불상을 보호 관리하며 전통을 유지하고 있다. 7세기 후반 작품으로 추정되는 봉화북지리마애여래좌 상(국보 제201호)과 대웅전 뒤편 바위에 새긴 마애탑과 마애불이 유명하다.

봉화 지림사 전경

봉화북지리마애여래좌상 (국보 제201호)

대웅전 뒤편에 새겨진 마애불과 마애탑

경북 봉화군 물야면에 위치한 지림사는 호거산(虎踞山) 혹은 호골산(虎骨山)을 배산으로 동향을 한 유서깊은 사찰이다. 호거산이란 산의 형상이 호랑이가 걸터앉은 것처럼 보인다는 뜻이다. 이곳에 상주하는 스님이나 동네 어르신들을 만나보니, '이곳의 산세는 호랑이 형국이다. 호랑이의 머리 앞으로는 개울이 흐르고, 개울 건너편에는 마을이 형성되어 있는데 그 지형지세가 개를 닮았다.' 라고 한다.

마을의 지형지세가 호랑이의 먹잇감인 개를 닮았다니 그 마을 주민들의 심리적 공포심은 매우 컸을 것이다. 마침내 공포감이 현실로 나타났다. 원인 모를 화재가 빈번히 발생하는 것이었다. 그러던 어느 날, 덕 높으신 큰스님이 이 마을을 지나가다 이러한 사연을 듣고서 비방을 일러 주길, "호거산 아래에 절을 짓고 호랑이의 꼬리에 해당되는 부분에 불상을 안치하시오. 호랑이는 꼬리가 눌리면 힘을 쓰지 못하니 그렇게 한다면 다시는 호환이 없을 것이오." 라고 했단다.

이후 이곳에 여러 전각을 짓고 불상을 모셨는데 현재 불상이 놓인 그 자리가 호랑이 꼬리에 해당된다. 그런데 절과 마을 사이에는 개울이 흐르고 있었는데 호환이 두려워 건너가는 다리를 만들지 않았다고 한다.

실제 사찰이 건립되고 불상이 조성된 이후 개울 건넛 마을에는 더 이상 화재가 없었다고 한다. 그 후 이곳 스님의 꿈에 호랑이 형상을 한 신령이 나타나 말씀하시길, "나는 이제 이곳을 떠나 가야산으로 간다." 라면서 사라졌다고 한다. '전설따라 삼천리' 와 같은 이런 이야기를 접한 독자 여러분의 반응이 궁금하다.

이곳은 풍수가 신라에 도입되었다고 하는 9세기 이전 한반도에서 보이는 자생풍수의 생생한 현장이다. 이 내용은 서울시 금천구에 위치한 호압사의 창건 설화와 유사하다. 조선 개국에 커다란 영향을 끼친 무학대사가 전국을 유람하면서 이곳 지림사를 살펴보고 벤치마킹해서 호압사를 건립한 것은 아닐까? 문득 그런 생각이 떠오른다.

호압사 이야기는 5장 참조(pp.213~215).

우리 땅에서 발생한 고유의 자생풍수는 직관적이고 주관적이라 믿을 수 없으며, 또한 논리적인 근거가 미약하여 학문으로 인정할 수가 없다고 한다. 하지만 이는 하나만 알고 둘은 모르는 무지의 소치다. 자생풍수가 지니는 진정한 힘은 겉으로 나타나는 외형적 풍수 조건이 아니라 그것을 믿는 사람들 내면의 의식구조 속에 있다는 사실이다. 실제 어떤 지형을 보았을 때 그 형상이 까마귀든, 호랑이든 그것은 중요하지 않다. 그렇게 믿고 싶은 그 마음이 중요하다. 이는 서양의학에서 말하는 플라시보(위약)효과[47]와 유사하다. 의학계에서 이런 처방을 사용하여 환자들을 치료하는 것과 마찬가지로 자생풍수 또한 인간들에게 환경심리적인 측면에서 자신감과 삶에 대한 안정감을 부여한다는 점이 무엇보다 중요하다.

47 플라시보(위약) 효과란 가짜 약으로 심리적 영향을 끼쳐 치료하는 의학용어

3. 중국에서 들어 온 풍수 이론(Ⅰ) : 형세론

신라 말 도선과 같은 선종(禪宗) 승려들은 중국에서 유행한 풍수지리설을 들여왔다. 이때 들어온 풍수 이론 가운데 하나가 '형세론'이다. 형세론이란 생기(生氣)의 통로인 산줄기의 흐름이나 특징을 관찰하고 분석해서 혈자리를 찾는 풍수 이론으로 가장 체계적으로 정리가 잘 되어있다. '형세론'에는 '간룡법' '정혈법' '장풍법' 그리고 '득수법' 등이 있다.

(1) 간룡법(看龍法)

간룡법은 '용의 모습을 본다'는 의미다. 풍수에서는 생기(生氣)가 흐르는 통로인 산줄기를 '용'으로 인식한다. 그 이유는, 산줄기가 이어지는 것이 마치 용이 꿈틀대는 것과 흡사하다고 보기 때문이다. 산을 타고 내려온 산기운이 중간에 단절되지 않고 우리 집에 어떻게 들어오는지 관찰하는 것이 간룡법이다.

'간룡법'을 이해하기 위해서는 아래 7글자를 기억해 두자.

풍수에서 가장 중요한 일은 '혈자리'를 찾는 것이다. 그런데 혈자리는 반드시 뒤에 이어지는 강한 산줄기의 생기(生氣)를 받아야 한다. 그래서 생겨난 용어가 '세-형-혈'이론이다. '세'는 세산(勢山), '형'은 형산(形山) 그리고 '혈'은 혈(穴) 자리를 말한다.

'세산'은 기세등등하면서 웅장한 산을 표현할 때 쓰는 말이다. 주변에서 가장 높은 산이므로 식별하기 쉽다. 산의 형태로 판단할 때 바위가 우람하든, 흙으로 뭉쳐진 토산이든 관계없다. 풍수에서는 외형보다 기세(氣勢)를 중시하기 때문이다.

'형산'은 부드럽고 온순한 기운을 가진 산을 표현할 때 쓰는 말이다. 생기가 충만한 장소로써 혈자리는 결국 형산에 있다.

세-형-혈 관계를 가정에서 사용하는 전기에 비유하면, 세산이 50,000V 송전소라면 형산은 220V 콘센트, 혈자리는 전구에 해당된다. 따라서 혈자리는 세산이 아닌 형산에 있다는 것이 풍수의 법칙이다[48]. 50,000V의 전기를 가정으로 끌어올 수는 없질 않겠는가?

세-형-혈 관계가 이해되었다면 지금부터는 혈자리를 찾는 구체적인 단계를 살펴보자. 형산에 모인 생기가 실질적으로 혈자리로 연결되려면 4단계의 과정을 거쳐야 한다. 이때 사용되는 용어가 '태(胎)-식(息)-잉(孕)-육(育)'이다. 이 단계를 설명할 때는 '산모가 태아를 낳는 관계'로 비유하는 경우가 많다. 그 이유는 땅을 어머니로 인식하는 근본적인 생각이 풍수 이론 속에 녹아있기 때문이다.

- **태** : 어머니 뱃속에서 정자(精子)와 난자(卵子)가 결합해 사람의 형태를 만드는 순간
- **식** : 자궁 속에서 사람의 형태를 갖추는 것
- **잉** : 산모의 몸에서 아기가 나오는 순간
- **육** : 태어난 아기를 양육한다, 기른다는 뜻으로 삶이 이루어진다는 의미

---

48 장영훈, 『왕릉 풍수와 조선의 역사』, 대원사, 2006, p.19 참조

산모와 태아는 탯줄로 연결되어 있으며 그 탯줄은 끊임없이 숨을 쉰다. 마찬가지로 형산에서 혈자리까지 연결된 산줄기를 태(胎)라고 하고, 산줄기가 꿈틀대는 경우를 탯줄의 호흡에 비유해서 식(息)이라 한다. 따라서 산모의 뱃속에서 탯줄이 끊임없이 꿈틀대듯이 산줄기가 오르락내리락하면서 혈자리를 향해 내려오는 자연 현상을 '태식'이라 한다.

풍수의 태식현상 (여주 효종대왕릉)

이어서 '잉(孕)'에 관한 내용이다. 잉은 잉태한다는 의미이다. 출산을 앞둔 임산부의 배를 보면 불룩 튀어나와 있다. 마찬가지로 산줄기가 내려오다가 혈자리 바로 뒤편에서 자연 상태로 불룩 튀어나온 부분으로 이를 '잉'이라 한다. '잉'은 소위 명당 터라고 말하는 우리 문화재 조형물의 혈자리 뒷부분에 반드시 존재한다. 우리 선조들은 터를 정할 때 좌청룡, 우백호보다 '잉'의 존재를 더욱 중시했다. 끝으로, 육(育)은 기르다, 양육 하다는 의미인데 풍수에서는 혈자리를 의미한다.

| '잉' 현상의 대표적 사례 |

여주 세종대왕릉

여주 효종 비 인순왕후릉

동구릉 원릉

간룡법 사례

서울의 대표적인 명소 '경복궁'에서 위 법칙을 적용해 보자.

경복궁 주변에서 가장 기세등등한 산은 어디일까? .... 바로 북한산[삼각산]이
다. 북한산이 경복궁의 '세산'에 해당한다. 북한산의 최고봉 백운대의 생기는 보현
봉, 형제봉을 거쳐 한 줄기는 응봉으로, 또 다른 한 줄기는 백악으로 흘러가는데, 이
백악이 경복궁의 '형산'이 된다. '형산'인 백악에서 태-식-잉-육의 과정을 거쳐 혈
자리인 경복궁에 도달하게 된다.

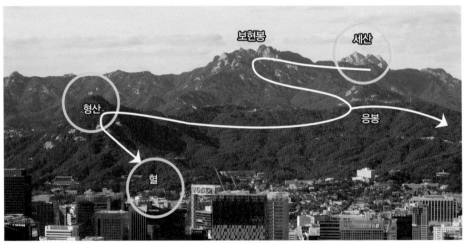

세 – 형 – 혈의 사례
서울 남산에서 바라본 북한산

같은 원리로 〈세-형-혈〉 관계에 있는 주요 문화재를 정리하면 아래와 같다.

세산	형산	혈자리
북한산	응봉	창덕궁 (인정전), 종묘 (정전)
불암산	검암산	동구릉(건원릉)
학가산	화산	하회마을 (삼신당, 병산서원)
소백산	영구봉	소수서원 (문성공묘)

문화재풍수 답사에서 '세-형-혈-태-식-잉-육'의 단계를 확인하는 일은 결코 쉬운 일이 아니다. 개발로 인한 파괴, 넘치는 빌딩 숲, 그리고 출입금지 등으로 문화재를 온전히 감상하는 일은 맑은 하늘에서 별자리를 살펴보는 일만큼 어렵다. 그러다 보니 자칫 문화재 훼손의 우려를 넘어 세상에서 격리되어 세상 사람들에게 관심을 받지 못하는 상황이 올까 그것이 두렵다.

(2) 정혈법(正穴法)

정혈법이란 정확한 '혈자리'를 찾는 일이다. 그렇다면 '혈자리'와 우리에게 친숙한 '명당'은 같은 뜻일까?

문화재 현장의 경우, 궁궐의 정전, 서원의 강당 및 사당, 사찰의 중심 전각, 왕릉의 봉분 같은 곳이 '혈자리'에 해당된다. 그러나 명당(明堂)은 원래 마당을 지칭하는 단어이다. 우리 집 마당, 학교 마당 등으로 쓰인다. 그런데 마당은 용도에 따라서 명칭을 달리해서 사용한다. 즉, 학교 마당은 운동장, 군대의 병영 마당은 연병장, 그리고 궁

궐의 정전 앞마당은 조정(朝廷)이라 부른다. 이때 정(廷)은 정원, 뜰, 마당이라는 의미를 지니고 있다. 결론적으로, '혈자리'는 생기가 집약된 하나의 장소를 말하지만, '혈자리' 주변의 넓은 마당은 명당터가 된다.

혈처와 명당터 (여주 세종대왕릉)

169

(3) 장풍법(藏風法)

'장풍법'은 실제 혈자리 주변 산들의 지세를 관찰하는 단계를 의미한다. 풍수지리서로서 가장 오래된 경전인 '금낭경(錦囊經)'에 보면 아래와 같은 구절이 있다.

> **氣乘風則散**(기승풍즉산)이오, **界水則止**(계수즉지)라.
> 땅기운[生氣]이란 것은 바람을 타면 흩어져 버리고, 물을 만나면 멈추게 된다.

한국인에게 친숙한 용어인 좌청룡, 우백호를 따지는 사신사(四神砂) 이론은 장풍법에서 유래한다. 사신사란 '좌청룡, 우백호, 전주작, 후현무'를 말한다. '금낭경'[49]에는 사신사가 갖추어야 할 산의 형태까지도 언급하고 있다. .

❀ 좌청룡(左靑龍)

靑龍蜿蜒(청룡완연)이며, **而回抱之也**(이회포지야)라.
청룡은 꿈틀거리면서, 명당을 돌아들 듯 감싸 안아야 한다.
※ '완연'은 꿈틀거린다, '회포'는 (명당)을 돌아들 듯 감싸 안아야 한다는 의미.

❀ 우백호(右白虎)

白虎蹲踞(백호준거)이며, **而相迎之也**(이상영지야)라.
호랑이는 모두 걸터앉아 서로 영접하는 듯해야 한다.
※ '준거'는 걸터앉다 / '상영'은 서로 영접하다는 의미

❀ 전주작(前朱雀)

來向而集(래향이집)이니, **勢若翔舞也**(세약상무야)라.
(혈처) 앞의 산이 명당을 향하여 모여드는 듯하니,
그 기세가 마치 상무하는 것과 같아야 한다.
※ '상'은 '빙 돌아날 상' / 상무는 맑고 밝으며 명랑한 모습으로 춤을 춘다는 의미.

---

49 최창조, 『청오경 금낭경』, 민음사, 1993, pp.131~134

옥산서원의 안산 (경주 양동마을)

여주 세종대왕릉의 안산

안동 봉정사 극락전 안산

171

❀ 후현무(後玄武)

玄武垂頭(현무수두)

현무는 주산을 일컬음인데, 머리를 드리운다는 것은 멈출 곳을 정한다는 의미

※ '수두'는 머리를 드리우고 있다는 의미. 다른 말로 머문다는 뜻.

후현무의 형태 (안동시 서후면에 위치한 학봉 김성일 종택)

위 문구를 풀어 쓰면, 혈자리 주변에는 사신사 (좌청룡, 우백호, 전주작, 후현무)로 설명되는 산들이 있는데 이들의 모양새는 다음과 같은 형상이어야 좋다는 내용이다.

좌청룡은 꿈틀거릴수록 좋고, 우백호는 호랑이가 걸터앉아 있는 듯한 모습이 좋으며, 전주작 즉 앞산은 주작이 춤을 추듯 날아오는 모양을 갖추고 있어야 하며, 후현무는 거북이 머리처럼 완만하게 숙인 모습이어야 좋다.

한편, '사신사' 이론을 현장에서 확인할 때 2가지 사항은 필히 고려해 볼 필요가 있다.

- **첫째,** 후현무(주인 산)는 전주작(손님 산)보다 산세가 웅장해야 한다.
- **둘째,** 좌청룡과 우백호는 안으로 품어주는 형국이어야 하며, 높이나 크기가 서로
  비슷하여 균형이 맞으면 좋다.

서울은 풍수의 교과서라고 불릴 만큼 사신사에 해당되는 산세가 잘 갖추어진 이상적
인 도시이다. 이를 직접 확인하고 싶다면 서울 남산의 정상부에 위치한 봉수대 위를
올라가 보시라.

사신사 이론을 바탕으로 서울을 풍수적인 시각에서 분석해 보면, 전주작(남산,262m)
과 후현무(백악,342m)의 관계는 산세나 높이 면에서 무난하다. 그러나 좌청룡(낙
산,125m)과 우백호(인왕산,338m)의 산세를 비교하면 다소 결함이 있음을 감지할 수
있다. 좌청룡에 해당하는 낙산 지역이 우백호에 해당하는 인왕산과 비교했을 때 높이
나 기세 면에서 현저한 차이를 보인다. 이러한 문제점으로 인해 조선 왕실에서도 많
은 고민을 한 흔적이 보인다. 좌청룡 낙산이야기 5장 참조(pp,218~220)

(4) 득수법(得水法)

득수(得水)는 물을 얻는다는 뜻이다. 한국의 대표적인 문화유산인 궁궐, 사찰, 왕릉,
심지어 서원 등을 답사해 보면 내부로 들어갈 때 반드시 하천이나 개울이 있어 다리
를 건너가게끔 설계되어 있다. 이러한 물길의 존재는 앞에서 언급한 '산기운은 물을
만나면 멈추는 특성이 있다' 라는 '계수즉지' 에서 단서를 찾을 수 있다.

충만한 생기(生氣)는 산줄기를 타고 내려와 혈자리로 들어온다. 혈자리로 순탄하게 들어온 생기는 그곳에서 멈추어야 하지만, 기(氣)의 특성상 그대로 통과해 흩어질 수 있다. 이러한 흩어짐을 예방하면서 생기를 잘 저장하려면 네 면을 모두 막아버리면 되지만 사방이 막힌 공간은 답답한 느낌을 준다. 그래서 후현무쪽에서 내려온 생기를 잘 보존하기 위해 좌청룡, 우백호에 해당하는 산으로 좌우를 막고 전면에는 물길을 설치하여 생기가 더는 빠져나가지 못 하도록 차단했다. 이것이 물길이 존재하는 이유이다.

또한, 물길 위에 다리를 설치하여 건너간다는 것은 경계의 표시이기도 하다. 그 다리 이름도 궁궐에서는 금천교[50] 영제교, 혹은 옥천교 등으로 불리며 사찰에서는 해탈교, 극락교 등의 이름으로 불린다. 건넌다는 의미도 조금씩 달리 설명한다.

- **궁궐** : 다리를 건너는 관인들이 청렴한 마음으로 백성과 나랏일을 위해 임금에게 나아가라는 의미.
- **사찰** : 차안[사바세계]과 피안[불국정토]을 연결해 주는 상징적인 다리
- **왕릉** : 속세에서 신(神)의 영역인 성역으로 들어간다는 의미

---

50 「조선왕조실록」에는 금천교의 한자어를 달리 표현한다. 태조 때부터 중종 때까지는 금천교(錦川橋)라고 쓰고, 반면에 광해군 이후 고종 때까지는 금천교(禁川橋)라고 표현하고 있다.

| 금천교의 다양한 사례 |

경복궁 영제교

홍천 수타사 공작교

여주 효종대왕릉
다른 왕릉과 달리
향어로 사이로 명당수가 흐른다.

경복궁 영제교 천록

창덕궁 금천교 해치와 거북이

장소에 따라 표현은 달리하지만, 공통점은 모두 왕이나 부처 등 존귀한 분이 계시는 신성한 영역으로 들어간다는 의미가 있다. 그래서 사악한 잡귀들을 물리친다는 의미로 다리 주변에 사악한 기운이 침범하지 못 하도록 여러 동물[51]을 배치해 두고 있다. 그러니 앞으로 문화재 현장(특히 다리근처)에서 동물상을 보거든 그 시선에 관심을 가져 보라. 경복궁 영제교처럼 사방에서 네 마리의 동물이 물길을 감시하는 경우도 있지만, 다리 아래에 용머리[52]를 설치했을 경우에는 용이 응시하는 방향에 주시하라. 시선이 외부를 향하고 있으면 외부의 사악한 기운이 들어오는 것을 막는 벽사(辟邪)의 의미가 있지만, 만약 시선이 내부를 향하고 있다면 내부의 생기들이 밖으로 빠져나가는 것을 막는 역할을 한다.

 위와 같은 현상은 궁궐의 다리 이름에서도 발견된다. 다리 이름에 금천교를 사용할 때 비단 금(錦)자를 써서 금천교(錦川橋)라고 쓰면 내부의 좋은 기운이 빠져나가지 말라는 의미이므로 이때 물줄기는 명당수가 된다. 하지만 존귀한 임금이 머무는 신성한

---

51 경복궁 영제교 주변의 천록, 창덕궁 금천교 주변의 귀면, 해태상, 돌거북, 순천 송광사와 선암사 다리 아래의 용머리 등이 유명하다.
52 사찰 입구 다리 밑에 용머리를 설치한 대표적인 장소는 순천 송광사의 청량각 및 우허각, 순천 선암사의 승선교, 그리고 보성 벌교의 홍교가 유명하다.

장소에 외부의 삿된 기운을 막는 역할을 물줄기가 담당한다면 이때 물줄기는 금지할 금(禁)자를 써서 금천(禁川)이 된다. 이는 궁궐 외에도 사찰, 왕릉, 서원 등의 물줄기에도 똑같이 적용될 수 있다. 문화재를 관광자원으로 활용 시 이 물길은 풍수적인 면과 벽사적인 면을 동시에 결합해서 해설하면 더욱더 효과가 클것이다.

한편, 전통적인 마을 어귀에 설치한 장승의 존재도 물길과 같은 맥락으로 해석해 볼 수 있다. 예로부터 한국인들은 집터를 잡을 때 배산임수(背山臨水)를 중시했다. 따라서 뒷산과 앞쪽 물줄기가 정해지면 그 사이에 적당한 터를 잡아 집을 짓는 것이 한국인의 풍수 정서였다. 그러므로 명당마을이란 배산의 기운이 마을 내부에 가득하고, 외부의 살기는 침범할 수 없는 조건을 갖춘 마을을 말한다. 이런 명당마을 조건을 갖추기 위해서 세운 것이 바로 마을 어귀에 있는 장승이다. 장승은 마을 내부에서 볼 때는 명당기운이 마을을 못 빠져 나가게 하는 용도로 사용되지만, 외부에서 볼 때는 마을로 들어오는 살기(殺氣)를 차단하는 역할을 한다.

사찰 어귀를 지키는 석장승들 (남원 실상사)

4. 중국에서 들어 온 풍수 이론(Ⅱ) : 좌향론

형국론, 형세론에 이어 좌향론이란 풍수 이론이 있다. 앞에서 언급한 두 가지 이론이 혈자리를 찾는 것이라면 좌향론은 그 혈자리를 중심으로 방향을 정하는 이론이다. 여기에는 2가지가 있다. 하나는 시각적으로 앞산의 모습을 보고 산기운을 우리 집으로 끌어들일 것인가, 혹은 막을 것인가를 판단하는 이론이고, 또 하나는 서양의 나침반과 유사한 패철을 이용하여 좌향을 정하는 이론이다. 전자를 '안대좌향론', 후자를 '패철좌향론'이라고 한다.

1) 안대(案對)좌향론

안대좌향론이란 혈자리를 정한 후 방향을 정할 때, 혈자리와 맞은편 산봉우리와의 관련성을 따지는 풍수 이론을 말한다. 이때 혈자리와 마주 보는 앞산이 가까이 있으면서 낮은 산은 안산(案山), 멀리 있으면서 높은 산은 조산(朝山)이라 부른다. 이들을 처리 하는 방법에 따라 두 가지로 나누는데, 하나는 견(見)처리, 또 다른 하나는 불견(不見)처리이다.

(1) 견(見)처리

우리 선조들은 좋은 터를 정할 때 혈자리와 주변 좌청룡, 우백호의 산줄기를 중시했지만, 이에 못지않게 시각적으로 혈자리 앞에 보이는 앞산의 모양새[53] 또한 매우 소중하게 생각했다. 앞산에 잘 생긴 산봉우리가 있으면 그 기운을 마을이나 집 안으로 끌어들여 함께 공유하길 원했다. 이러한 배치 기법을 조경학에서는 차경(借景) 효과, 풍수에서는 견(見)처리라 부른다.

터를 정한 후, 앞산의 형태를 중시했던 이유는 그곳에서 뿜어 나오는 기운이 인재 배출과 밀접한 관련이 있다고 생각했기 때문이다. 이런 연유로 공부하는 학자를 선호했던 조선 사대부들이 거주했던 종가를 방문하여 주변 경관을 살펴보면 거의 예외 없이 마당과 대문이 앞산과 밀접한 관련이 있음을 볼 수 있다. 이런 사례의 대표적인 곳으로 양반가 주택이 모여있는 경주 양동마을과 안동 하회마을을 꼽을 수 있다. 이 두 마을은 유네스코 세계문화유산으로 등재된 품위있는 전통마을이면서 대표적인 견(見)처리의 현장이다.

● 경주 양동마을

경주 양동마을은 경주(월성) 손씨와 여강 이씨 종가가 자리 잡은 500년 역사를 지닌 대표적인 양반 집성촌이다. 이 마을은 조선 세조때 문신 양민공 손소(1433~1484)가 처음 정착한 곳인 동시에, 그의 둘째 아들 우재 손중돈[54]과 외손자 회재 이언적[55]이 태어난 곳이기도 하다.

---

53 앞산의 형태를 오행으로 분류하면 다음과 같다.
    - 목(木) : 산의 정상부가 붓처럼 뾰족한 산. 일명 문필봉. 학자 배출과 관련
        (예) 서울 백악산, 산청 필봉산, 담양 삼인산
    - 화(火) : 불꽃의 형태를 닮은 산. 화재와 밀접한 관련, 종교인들의 훌륭한 기도처
        (예) 서울 관악산, 영암 월출산, 가야산 해인사 남산 제1봉
    - 토(土) : 산의 정상부가 평평한 일자형, 일명 일자문성. 왕이나 왕비의 탄생과 관련
        (예) 구미 천생산, 강화군 봉천산
    - 금(金) : 산의 형태가 노적가리 혹은 철모 모양, 일명 노적봉, 장군 배출, 재물과 관련
        (예) 서울 인왕산, 여주 추읍산, 여수 종고산
    - 수(水) : 물결이 출렁거리는 모양
        (예) 서울 남산, 서해 및 남해안 대부분의 산
    이 다섯 가지 형태 가운데 사대부 종택의 경우 목(木)형의 산인 문필봉을 가장 선호했다.
54 손중돈(1463~1529) : 호는 우재(愚齋), 조선 중기 문신, 벼슬은 공조판서, 도승지, 대사간, 우참찬 등을 지냈다. 중종 임금 때 청백리에 녹선됨, 경주 동강서원에 배향됨.
55 이언적(1495~1553) : 호는 회재(晦齋), 조선 중기 대표적인 성리학자. 동방의 5현 가운데 한 분으로 선정. 경주 양동마을에서 태어나 외삼촌인 손중돈에게 글을 배움. 그가 주장하는 학문적 이론은 이후 퇴계 이황에게 계승되어 영남학파의 중요한 이론적 토대를 형성함. 경주 옥산서원에 배향됨.

양동마을 안내도

이 마을은 주산인 설창산의 문장봉에서 산등성이가 뻗어내려 네 줄기로 갈라진 능선과 골짜기가 물(勿)자형의 지세를 이루고 있는 풍수적 입지 조건을 갖추고 있다. 이는 네 줄기의 능선으로 인해 세 개의 골짜기에 마을이 형성되어 있어 제대로 답사를 하려면 언덕을 3번 넘어야 한다는 의미이기도 하다.

마을 앞에는 잘생긴 성주봉과 노적가리 형태의 둥근 봉우리[56]가 안산의 역할을 하고 있다. 54호의 기와집과 이를 에워싸고 있는 고즈넉한 110여 호의 초가로 이루어져 있으며, 양반 가옥은 높은 지대에, 민가들은 낮은 지대에 살면서 양반 가옥을 에워싸고 있다. 가옥 구조는 호남과 충청지방 평면의 개방적인 일자형 형태와는 달리 폐쇄적인 평면인 '미음(ㅁ) 자' 형태가 많다.

---

56 관가정 중문 위로 보이는 노적가리 형태(오행으로 보면 금(金)형)인데 고지도를 찾아보아도 정확한 봉우리 명칭을 알 수가 없다. 우연히 '여강 이씨' 출신의 고교 동창생(이영원)이 '여강 이씨' 종손께 문의한 후 '방간산'이라는 답을 필자에게 보내 왔다.

현재, 국보 1점, 보물 4점을 포함하여 총 32점의 지정문화재를 보유하고 있으며 2010
년 유네스코 세계문화유산으로 등재된 대표적인 양반 집성촌이다.

양동마을의 안산인 성주봉과 방간산

| 양동마을의 서백당, 무첨당, 향단 그리고 관가정

	경주 손씨	여강 이씨
대종가	서백당(민속자료 23호)	무첨당(보물 제411호)
대표적인 가옥	관가정(보물 제442호)	향단(보물 제412호)
정자	수운정	심수정
서당	안락정	강학당
서원	동강서원	옥산서원

양동마을에서 전통문화를 음미하고 싶다면 이곳에서 1박을 해 보시라. 하지만, 여러
사정으로 양동마을에서 체류할 시간이 제한적이라면 역사성과 건축성이 뛰어난 두
집안의 중심적인 건물〈서백당 – 무첨당 – 향단 – 관가정〉을 답사해 보기를 권한다.

앞의 표에서 보듯 이 마을은 경주 손씨와 여강 이씨가 혼인으로 맺어진 씨족마을로 서로가 선의의 경쟁을 통해서 가풍을 형성하고 있다. 그 결과, 경쟁의식이 터 잡기와 집짓기에도 나타나므로 이를 비교하면서 답사를 하면 매우 흥미롭다. 양쪽 가문의 종택인 손동만 가옥(서백당)과 무첨당, 그리고 두 가문을 대표하는 건축물인 향단과 관가정을 간단히 소개하면 다음과 같다.

| 손동만 가옥(서백당)

서백당의 안채와 사랑채   서백당 사랑채에서 바라본 안산 (성주봉)

- 경주 손씨 대종가로 입향조인 양민공 손소(1433~1484)가 건립
- 사랑채에 걸린 서백당(書百堂)은 이 집의 당호
- '서백당'이란 화가 났을 때 참을 인(忍) 자를 100번 쓰라는 유교적 교훈
- 현판 '송첨(松詹)'은 소나무로 만든 처마라는 뜻
- 현판 '식와(息窩)'에서 식(息)은 풍수의 '태식'을 뜻하며, 와(窩)는 풍수의 와혈(窩穴), 즉 개구혈(開口穴)을 뜻한다.[57]
- 세 명의 현자가 태어난다는 '삼현출생지지(三賢出生之地)'라는 전설이 내려오는 집
- 양민공의 아들 우재 손중돈과 외손자 회재 이언적이 태어난 곳
- 마당에는 500년 된 향나무가 있음 (경상북도 기념물 제8호)
- 중요민속자료 제23호.

| 무첨당(無添堂)

무첨당 전경   무첨당 마루에서 본 안산 (성주봉)

- 여강 이씨의 종갓집, 회재 이언적의 부친 이번(1463~1500)이 살던 집
- 원래 별당으로 건립했으나 현재 사랑채로 사용
- 사랑채 마루 무첨당은 이언적의 맏손자인 이의윤(李宜潤)의 호.
- '무첨당'이란 '조상에게 욕됨이 없게 한다'라는 뜻.
- 무첨당 별채에 걸린 물애서옥(勿厓書屋))[58] 이란 현판 글에서, 이 마을이 입지한 산등성이가 물(勿)자 형국임을 확인해 준다.
- 또 하나의 현판 좌해금서(左海琴書)에서 '좌해'는 왼쪽에 바다가 있다는 뜻으로 영남지방을, '금서'는 거문고와 책을 말하는데 전체적인 의미는 영남지방의 풍류와 학문을 의미. 흥선대원군의 친필.
- 보물 제411호

---

57 송첨, 식와에 대한 풍수적 해석은 故 장영훈 선생의 탁견이다. 문화재 풍수에서 그의 이론은 탁월하다. 지금은 고인이 되었지만, 그의 저서는 영원히 빛을 발할 것이다. 아래의 책을 참조하면 문화재 풍수 공부에 크게 도움을 받을 수 있다. 장영훈, 『조선시대 명문사학 서원을 가다.』 도서출판 담디, 2007

58 물애서옥은 직역하면 '물(勿) 자 언덕의 글방'으로 중국 사신 조광이 쓴 글. '물애'는 양동마을의 풍수적 해석이며 전체 의미로 양동마을은 학문의 전당이라는 뜻으로 해석할 수 있다.

| 관가정(觀稼亭)

관가정 전경

관가정에서 바라 본 안산 (방간산)

- 양민공 손소 공의 둘째 아들 우재 손중돈이 분가하여 살던 집
- 분가 직후 관가정이 대종가 역할을 하다가 20세기 초 원래 서백당으로 대종가가 옮겨옴.
- 관가정은 농사짓는 광경을 내려다보는 정자라는 뜻이지만,
  원래의 의미는 곡식이 자라는 것을 보듯이 자식들이 자라는 모습을 본다는 뜻
- 서쪽으로 펼쳐진 안락천과 안강평야의 전경이 한눈에 들어와 전망대로 최적의 장소
- 안마당에서 중문을 열면 중문 위로 앞의 잘생긴 봉우리가 집 안으로 들어오도록 배치
- 보물 제442호

| 향단(香壇)

향단 전경

향단 대문 앞 안산 (성주봉)

184

- 양동마을을 대표하는 고택으로 마을 입구에 들어서면 제일 먼저 눈에 띄는 집
- 이언적이 경상도 관찰사로 부임 시 노모를 돌볼 수 있도록 중종 임금이 지어준 집
- 이언적이 한양으로 올라가면서 동생 이언괄에게 물려준 뒤 여강 이씨 향단파 종가가 됨
- 향단이란 당호는 이언괄의 손자인 향단공 '이의주'의 호에서 따옴
- 향단의 대문을 동남쪽으로 배치한 것은 안산인 성주봉의 기운을 받겠다는 의도.
- 안채, 사랑채, 행랑채가 모두 한 몸체로 이루어지고 2개의 마당을 가진 독특한 구조
- 보물 제412호

위에서 언급한 4점의 건물은 모두 임진왜란 이전에 건립된 소중한 건축물이다. 역사적 의미뿐 아니라 건축적인 기법에서도 탁월하다. 건립시기는 '서백당 → 관가정 → 무첨당 → 향단의 순서로 이어지지만, 마을 제일 안쪽에 위치한 서백당을 필두로 골짜기를 하나씩 넘어가면서 무첨당 → 향단 → 관가정 순서로 답사하면 효과적이다.

그렇다면 이곳을 방문했을 때 무엇을 보아야 하는가? 양동마을은 터잡기 과정에서 풍수가 깊이 관여된 장소이므로 풍수적인 관점에서 건물 배치와 앞산과의 관계를 살펴보고자 한다.

서백당은 양동마을에서 가장 오래된 가옥이다. 이곳이 오래된 집이라는 증거는 안채와 사랑채를 구분 짓는 상징적인 '내외담'과 사당으로 가는 길목에 우뚝 서 있는 500년 된 향나무의 존재이다. 사랑채 마루에 걸려 있는 서백당, 송첨, 식와라는 현판 글씨도 이 집의 품격을 높이는 데 한몫하고 있다. 사랑채 마루에 앉아 전면을 바라보면 안산인 성주봉이 나지막한 담을 통과하여 넓은 마당 위로 그 기운을 마음껏 발산하고 있다. 사랑채의 위치, 넓은 앞마당, 낮은 담, 그리고 앞산의 기운... 이런 배치를 풍수에서는 견(見)처리 기법이라고 한다.

무첨당 역시 마찬가지이다. 안채와 사당은 출입이 제한되어 있지만 기역(ㄱ) 자 형태의 사랑채는 찾아오는 방문객을 늘 반기고 있다. 마루 위에는 '무첨당' '물애서옥' '좌해금서'라는 현판 글씨가 집안의 격조를 더하고 있다. 역시 기역(ㄱ)자로 꺾인 사랑채 마루에서 정면을 바라보면 우거진 고목나무 뒤로 안산인 '성주봉'이 그 기운을 이곳을 향해 내뿜고 있다. 아쉬운 것은 고목나무가 너무나 울창해서 안산의 기운이 제대로 집안에 들어올 수 없다는 점이다. 나무도 살리면서 산기운을 온전히 받을 수 있는 좋은 방안은 없는 것일까?

향단은 마을 입구에서 보았을 때 눈에 제일 잘 띄는 양동마을을 대표하는 건물이다. 좁은 대문을 통해 내부로 들어가면 일자형 행랑채가 출입을 막고 있으며 내부 안채와 사랑채는 외부인이 출입할 수 없는 구조이다. 그래서 탐방객들은 무심코 들어갔다가 그냥 나와버리기 쉬운데 이곳의 답사 포인트는 대문 위로 보이는 안산의 존재이다. 향단의 대문을 유교적인 예제도 무시한 채 이곳 동남쪽에 배치한 것은 순전히 성주봉의 기운을 받겠다는 의도이다.

관가정은 마을 입구에서 바라보았을 때 가장 왼쪽에 있다. 관가정의 경우 두 개의 마당이 있는데 이는 두 곳의 안산기운을 모두 받아들이겠다는 건물주의 적극적인 의도가 반영된 배치이다. 특히 관가정 정자에서 혹은 관가정 앞 대문을 통해 전면을 바라보면 안산의 봉우리가 대문 지붕에 나타나는데 이는 산기운을 집안으로 끌어들이려는 풍수적 배치이다.

위에서 살펴본 4점의 건물 때문에 양동마을의 다른 우수한 건물들이 제대로 평가받지 못하는 것 같아 아쉽다. 특히, 여강 이씨 문중에서 건립한 정자인 심수정(心水亭)은 기역(ㄱ) 자형 평면으로 각 대청마루와 툇마루에 걸린 여러 현판 글씨[59]들이 볼만하다.

경주 양동마을은 1984년 마을 전체가 국가지정문화재(주요 민속자료 제189호)로 지정되었으며, 2010년 유네스코 세계문화유산, 한국의 역사마을에 등재되는 쾌거를 이루었다.

● 안동 하회(河回)마을[60]

삼태봉   홀봉

하회마을 입구 전경
삼태봉과 홀봉은 하회마을 집터를 정할 때 사랑채나 내문의 위치를 정하는 기준이 된다.

안동 하회마을은 지난 600년간 풍산 류씨가 대대로 살아온 전형적인 동성부락이다. 조선시대 유학자 겸암 류운룡(柳雲龍)[61]과 그의 동생인 서애 류성룡(柳成龍)[62]이 태어나[63] 자란 곳으로 유명하다.

마을 이름이 하회인 것은 낙동강이 'S' 자 모양으로 마을을 감싸 안고 흐르는 데서 유래하였다. 이 마을의 풍수적 입지는 태극형, 연화부수형 혹은 행주형으로 불리며, 이미 조선시대부터 사람이 살기에 가장 좋은 곳으로 알려졌다.

풍수적인 관점에서 본 하회마을은 안동의 진산인 학가산(세산)의 출중한 산기운이 동쪽으로 뻗어 태백산의 지맥인 화산(형산)과 연결되어 있고, 이 화산의 줄기가 낮은 구릉지를 형성하면서 마을의 서쪽 끝까지 뻗어 나오면서 수령 600년 된 느티나무가 있는 삼신당(혈처)에서 혈을 맺는 형국이다. 집들은 이 600년 된 느티나무가 있는 삼신당을 중심으로 낙동강을 바라보며 배치되어 있어, 집의 좌향이 일정하지 않고[64] 동서남북을 향한 각 방향으로 배치된 점이 특징이다.

하회마을의 풍수 지형도
출처 : 국회방송, 현장탐방 길 위의 우리 역사(38회)
　　　민속신앙에서 캡처(2018. 3. 14. 방영)

하회마을의 혈처인 삼신당 느티나무

---

61 류운룡(1539~1601) : 호는 겸암(謙唵), 퇴계의 문하에서 수학. 서애 류성룡의 형. 조선 중기 문신으로 원주 목사를 역임했으나 평소 벼슬에 뜻을 두지 않아 세상에 크게 알려지지 않음. 사후 자헌대부 이조판서로 추증되었고 문경(文敬)이라는 시호를 받음. 하회마을 부용대의 거친 기운을 완화하고 북서쪽의 허한 기운을 메우기 위해 소나무 1만 그루를 심음 (일명 만송정). 안동 화천서원에 배향됨.

62 류성룡(1542~1607) : 호는 서애(西厓)이고 시호는 문충(文忠)이다. 퇴계의 문하에서 수학. 조선 중기 문신으로 임진왜란 때 도제찰사, 영의정 직책을 맡아 국난 극복에 큰 공을 세움. 말년에 삭탈관직 당하고 안동으로 내려가 선조의 부름에도 올라가지 않고 임진왜란 때 겪은 후회와 교훈을 후세에 남기기 위해 징비록을 저술함. 평생 청백리의 삶을 살았으며 조선의 5대 명 제상 가운데 한 사람으로 평가받고 있다. 안동 병산서원에 배향됨.

63 서애 류성룡의 탄생지는 외가인 의성 사촌마을이며, 자란 곳이 안동 하회마을이다.

64 양진당은 남향, 충효당은 서향, 북촌댁은 동향으로 배치된 것은 풍수적인 이유 때문이다.

하회마을은 1999년 4월, 영국의 엘리자베스 여왕이 다녀갔으며, 20년 뒤인 2019년 5월에는 여왕의 둘째 아들 앤드루 왕자가 어머니의 추억이 담긴 이곳을 방문한 덕분에 가장 한국적인 민속마을이라는 명성을 얻게 되었다.

하회마을에는 선비들의 풍류놀이였던 '선유줄불놀이'와 서민들이 놀았던 '하회별신굿탈놀이'가 현재까지도 전승되고 있고, 우리나라의 전통 생활문화가 가장 잘 보존된 곳 가운데 한 곳으로 알려져 있다.

현재, 국보 2점, 보물 4점을 포함하여 총 18점의 지정문화재를 보유하고 있으며 2010년 유네스코 세계문화유산으로 등재된 대표적인 양반 집성촌이다.

| 안동 하회마을 양진당 및 충효당

	류운룡	류성룡
종가	양진당(류씨 대종가)	충효당(서애 종가)
후학 양성소	겸암정사	옥연정사
서재 및 휴식	빈연정사	원지정사
서원	화천서원	병산서원

하회마을을 처음 방문하는 답사객들은 마을 입구에 도착하면 어떻게 둘러봐야 할지 몰라 당황한다. 운이 좋아 문화해설사를 만나 해설을 들으면서 찬찬히 둘러볼 수 있으면 다행이지만 해설사의 도움 없이 무작정 방문해서는 하회마을의 참맛과 멋을 이해하기는 쉽지가 않다. 일단 하회마을의 세부적인 사항은 홈페이지에 상세하게 나와 있으니 여기에서는 풍수적인 관점에서 다루어 보고자 한다.

안동 하회마을은 풍산 류씨 집안의 뛰어난 두 형제가 선의의 경쟁을 통해서 가풍을 형성하고 있는 마을이다. 그 경쟁의식이 터 잡기와 집짓기에도 똑같이 나타나서 흥미롭다. 앞 표에서 보듯 두 형제를 선두로 그 후손들이 독자적으로 건립한 건축물을 비교하면서 답사하는 것도 도움이 될 것 같다. 두 집안의 대표적인 가옥인 양진당과 충효당을 간단히 소개하면 다음과 같다.

:: 양진당(養眞堂)

양진당 (풍산 류씨 대종가 사랑채의 당호)

- 양진당은 조선시대 문신 류운룡의 종택으로 풍산 류씨의 대종가이다.
- 풍산에 살던 류종혜가 하회마을에 들어와서 최초로 지은 집
- 사랑채 현판 '입암고택'은 류운룡과 류성룡의 부친 입암(立巖) 류중영(柳仲郢, 1515~1573)을 지칭. 따라서 이 가옥을 류중영 선생의 호를 따서 입암고택(立巖古宅)이라 부르기도 함.
- 입암고택의 편액 글씨는 명필 한호(한석봉)의 글씨.
- 당호인 양진당은 겸암 류운룡의 6대손인 류영(柳泳) 공의 아호에서 유래.

- 건물은 정남향.
- 북쪽에 불천위[65] 사당 2개가 있는데 하나는 입암 류중영, 또 다른 하나는 겸암 류운룡의 사당임.
- 보물 제306호.

:: 충효당(忠孝堂)

서애 류성룡 종택의 행랑채 및 대문

- 충효당은 조선시대 문신 류성룡의 종갓집.
- '서애종택'이라고 부르지만, 현재의 충효당은 서애 사후에 지은 집으로 선생의 문하생과 사림이 장손 졸재(拙齋) 원지(元之) 공을 도와서 지었고, 증손자 의하(宜河) 공이 확장한 조선 중엽의 전형적 사대부(士大夫) 가옥임.
- 당호를 충효당이라 지은 것은 서애 류성룡이 임종 당시 자손들에게 남긴 시구절인 '충과 효 이외에는 달리 할 일이 없다.'라고 한 말에서 유래됨.
- 사랑 대청의 현판 글씨 '충효당'은 당대의 명필 미수 허목의 '전서체'임.

---

65 불천위(不遷位)는 국가의 공신이나 대학자 등 업적이 탁월한 자에게 나라에서 영원히 사당에 모시는 것을 허락한 신위를 말하며, 불천위로 인정되면 4대조까지 올리는 제사의 관행을 깨고 후손 대대로 제사를 올린다.

- 충효당 건물은 서향.
- 사당 앞쪽에 서애 선생의 유품을 전시하는 영모각 배치.
- 사랑채 뒤쪽에 불천위 조상(서애 류성룡)을 모시는 사당이 있음.
- 보물 제414호.

하회마을은 산줄기 기운이 출중한 양동 마을과는 달리 물줄기 기운이 빼어난 풍수마을이다. 고려 말 풍산 류씨의 입향조 류종혜 공은 하회마을이 '연화부수형' 터임을 파악하고선 그에 맞는 집을 지었는데 그곳이 바로 양진당이다. 양진당이 풍수 건축물이란 것은 양진당 사랑 대청에 걸린 '입암고택'이란 현판 아래에서 대문을 바라보면 알 수가 있다. 대문지붕 위로 솟아오른 봉우리는 삼정승 탄생을 예언하는 풍수 홀봉⁶⁶(笏峯)이기 때문이다.

양진당 툇마루에서 바라본 모습
대문 위로 홀봉이 보인다.

---

66 홀(笏)이란 조선시대 조정 대신들이 조회 때 잡고 있는 수판(手板)으로 상아 또는 나무로 제작함. 홀봉을 이곳에서는 마늘봉이라 부른다.

양동마을 향단의 대문지붕

양동마을 관가정의 대문지붕

이런 해설을 하면 의아한 표정을 짓는
탐방객들이 있다. '우연이 아닐까?' 라
고 생각한다. 하지만 경주 양동마을의
향단 대문지붕 위에 나타난 성주봉,
관가정 대문지붕 위에 나타난 복스러
운 봉우리, 그리고 고령 개실마을의

김종직 종택의 대문지붕(고령 개실마을)

김종직(金宗直)[67] 종택의 대문지붕 위에 솟아오른 봉우리를 보면 이들의 공통점을 이해하게 된다. 우리 집 주변에 복스러운 산봉우리가 있다면 선조들은 산봉우리에 걸린 복이 대문을 통해 들어오게끔 봉우리를 향해 대문을 달았다. 대문은 외부 기운이 들어오는 통로이다. 앞으로 고택 풍수 답사를 하러 가거든 의식적으로 산봉우리와 대문이나 마당과의 관계를 확인해 보라.

---

67 김종직(1431~1492) : 경남 밀양 출신. 호는 점필재(佔畢齋), 시호는 문충(文忠), 길재의 제자인 아버지 김숙자에게 학문을 배움. 조선 전기 훈구파에 대항한 참신한 정치 세력이었던 사림파의 영수. 1498년(연산군4) 사관 김일손이 사초에 삽입한 김종직이 지은 조의제문(弔義帝文)이 무오사화를 일으키는 단서가 되어 부관참시를 당함. 밀양 예림서원에 배향됨.

(2) 불견(不見)처리

견(見)처리와는 반대로, 마을이나 집 앞에 살기를 띠는 드센 바위가 돌출된 장소가 있다면 그 방향을 피했다. 불가피하게 그 방향을 바라보아야 할 경우에는 비보처리를 했다. 즉, 바위산이 보이는 방향으로 나무를 심거나, 높은 담을 설치하는 적극적인 방법을 사용하기도 하고, 때에 따라서는 대문의 방향을 돌려 살기가 직접적으로 들어오는 것을 막기도 했다. 이와 같이 대처하는 다양한 방법들을 풍수 용어로 불견(不見)처리[68] 라고 한다. 이런 기법은 오늘날 주거 생활에도 활용할 수 있다. 집 앞에 철탑과 같은 거슬리는 조형물이 있거나, 높은 건물이 내 집을 막고 있으면, 그 방향으로 커튼을 치거나 화분을 놓아 시야를 가려 준다. 이는 풍수를 현대적으로 재해석해서 응용한 사례이다.

● 안동 하회마을 만송정과 충효당

산살(山殺)이란 용어가 있다. 바위들이 돌출된 형상을 그렇게 부른다. 이런 곳은 대체로 경관이 빼어나기 때문에 관광 자원으로는 손색이 없으나 풍수에서는 산살을 띠고 있어서 그 기운이 인간에게 나쁜 영향을 미친다고 판단했다. 따라서 그 방향으로 다양한 방책을 마련하여 직접적으로 전달되는 나쁜 기운의 피해를 최소화하려 했다.

풍수 명당인 안동 하회마을에도 옥에 티가 있으니, 바로 '부용대' 라는 벼랑바위이다. 이곳에서 내려다보는 하회마을의 전경은 관광 자원으로 손색이 없다. 하지만 거꾸로 하회마을에서 부용대 방향으로 보았을 때, 이 바위는 풍수 산살(山殺)을 내뿜는다고

---

68 한양도성 계획의 일환으로 성곽을 조성할 때 남쪽에 숭례문을 설치하면서 관악산의 불기운을 피하고자 숭례문의 대문 방향을 돌려놓는 수법도 대표적인 불견처리에 속한다.

하회마을 부용대 전경

만송정

하회마을 만송정 전경

한다. 그래서 그 나쁜 기운을 막기 위한 대비책으로 행한 작업이 부용대 건너편에 심어놓은 소나무 숲 '만송정(萬松亭)' 이다. 만송정은 부용대의 벼랑바위와 하회마을 사이에 조성된 인공 숲으로 겨울철 차가운 북서풍을 막아주는 방풍림의 역할을 한다. 하지만, 이를 풍수적으로 조명하면 불견(不見)처리의 관점에서 해석할 수도 있다. 이런 경우 관광 자원의 일환으로 해설할 때는 풍수적 상징성과 실용적 기능성을 동시에 전달하면 효과적이다.

한편, 류성룡 선생의 종택 충효당을 방문하면 불견처리와 관련된 재미있는 현장을 만날 수 있다. 충효당은 다른 집들과 달리 유독 긴 행랑채가 눈에 띈다. 일자형의 행랑채 중간에 놓인 정문을 지나면 서향으로 배치한 충효당이 나타난다. 서쪽 면은 판벽으로 막아 두었으나 사랑채 남쪽은 개방을 한 구조이다. 이와 관련해서 일부 해설서를 보면 서쪽의 판벽은 오후에 비치는 햇빛 차단용이라고 설명하고 있다 (대부분 안내문에는 이런 설명조차 없다).

서애 류성룡 종택의 사랑채인 충효당 정면 및 측면

우리의 고건물을 볼 때 현대인들은 실용적 기능성을 지나치게 강조하는 경향이 있다. 그러나 실용적 혹은 과학적인 관점을 강조하면서 우리 문화재를 바라보면 삼천포로 빠지는 우를 범하는 경우가 많다. 터에 담긴 상징성을 절대로 간과해서는 안 된다. 상징성 그 자체가 바로 선조들의 생각이요, 관광 자원을 만드는 황금알이란 사실을 명심해야 한다.

앞서 하회마을 종갓집들의 터 잡는 원칙은 삼신당 '잉'을 공동으로 좌(坐)로 정한 뒤 사방으로 물길을 향하여 향(向)을 정한다고 언급했다. 그렇다면 충효당 서쪽 판벽 시설도 결국은 풍수와 관련된 시설물임을 짐작할 수 있다. 판벽이 있는 방향의 지형물을 살펴보라. 그러면 왜 이곳에 판벽 시설을 장치했는지 이해가 된다. 그리고 사랑채 남쪽은 개방해 두었는데 왜일까? 이곳에 오면 풍부한 상상력과 세심한 관찰력이 필요하다. 사랑채 남쪽면 전면에는 화단을 조성해 놓았다. 만약 그 화단에서 자라는 나무들을 다른 곳으로 이식하고 그곳을 빈터로 남겨 두거나 키가 작은 관목으로 화단을 조성한다면 어떤 상황이 벌어질까? 그렇다. 마을 입구에서 바라본 삼태봉과 홀봉이 직접적으로 시야에 들어온다. 저 삼태봉과 홀봉의 산기운을 받기 위해 사랑채 남쪽을 개방했던 것이다. 같은 사랑채 내에서 한 곳은 견(見)처리, 다른 한 곳은 불견(不見)처리를 했다. 그래서 필자는 충효당의 종손 및 안동시청 세계유산 담당자에게 조심스럽게 제안하고 싶다. 충효당을 지은 선조들의 원래 의도를 되살리기 위해서 사랑채 앞 화단의 나무들을 이식하고 키가 작은 관목으로 화단을 조성하면 어떨런지?

충효당 측면에 조성한
정원수

정원수를 이식했을 때
펼쳐지는 광경

● 안동 병산서원의 만대루(晩對樓) 및 동재

국내 건축 답사지로 가장 인기 있는 장소 가운데 한 곳이 병산서원이다. 어떤 미디어 매체를 듣거나 보더라도 한결같이 병산서원에 대한 찬사가 끊이질 않는다. 낙동강변의 낭만적인 아름다움, 만대루에서 바라보는 병풍같은 병산의 풍광, 한여름 복례문 입구를 향하여 도열하듯이 서 있는 배롱나무 등. 그렇다면 이곳 병산서원을 풍수적 시각으로 접근해 보면 어떤 특징들이 나타날까?

안동 하회마을은 학가산(세산) – 화산(형산) – 삼신당(혈처)의 풍수 법칙을 따르고 있다. 마찬가지로 병산서원 또한 학가산(세산) – 화산(형산) – 병산서원(혈처)의 법칙을 따르고 있다. 풍산에 있던 풍악서원을 이곳으로 이전시킨 이는 서애 류성룡이다. 류씨들의 공부방인 풍악서당은 저잣거리에 있기에 공부할 환경이 열악했다. 이것이 서당을 옮긴 이유다. 향교와 서원은 택지 조건이 서로 다르다. 향교는 나라의 정책을 널리 알리려고 세운 관학교육기관이기 때문에 사람들의 접근이 용이한 마을 근처에 터를 정했다. 반면에 서원은 선비들을 수양시키려는 인성교육의 장이다. 그래서 마을을 떠난 호젓한 산천을 선호했다. 이곳 병산서원은 선비들의 인성교육의 장으로는 타의 추종을 불허하고 있다. 특히 만대루는 병산서원 건축물 가운데 압권이다. 여름철 배롱나무가 절정인 해 질 무렵 만대루에 올라 주변 경관을 둘러보면 팍팍하게 살아 온 지난날들을 보상받는 느낌을 받는다. 만대루는 정말 아름답다.

그런데 의문이 생긴다. 지금까지 많은 서원을 탐방하고 서원건축을 보았지만 만대루처럼 넓은 공간은 본 적이 없다. 서원 입구에서 정면을 바라보면 만대루가 서원을 통째로 막고 있다. 왜 이렇게 넓은 공간이 필요했을까? 어림잡아 100여 명은 충분히 수용할 수 있는 공간이다. 서원에서 공부하는 원생은 기껏해야 20~30명을 넘지 않는다. 그리고 서원 건물들은 절약과 절제를 미덕으로 삼고 있다. 이곳에서 외부인을 초청해서 잔치라도 벌일 요량이 아니라면 이렇게 크게 만들 이유는 전혀 없다. 이것이 병산서원 건축물의 첫 번째 의문점이다.

병산서원 정문인 복례문과 만대루

그리고 또 다른 의문점은 동재 건물의 특이한 배치이다. 아래 사진처럼 강당 건물인 입교당에서 동재 건물을 보면 건물 배치가 서재처럼 바르지 않고 뒤틀려 있다. 이는 시공상 부실공사일까? 아니면 의도적일까?

병산서원 앞에 펼쳐진 낙동강과 병산

병산서원 강당에서 바라본 동재 기숙사
각도가 미세하게 뒤틀려 있다.

이 두 가지 의문을 해결하려면 세밀한 관찰이 필요하다. 항상 해답은 현장에 있다. 이러한 배치에 대한 해결책은 풍수적 사고가 유일한 대안이다. 서양의 어떤 건축적 이론을 도입하더라도 그 설명은 궁색할 수밖에 없다. 우리 건축은 그것을 만든 우리 선조들의 시각으로 바라볼 때 가장 정확히 알 수 있다. 만대루 건물의 넓은 공간과 동재 건물의 뒤틀린 배치는 모두 병산서원의 안산에 해당하는 병산의 바위 산살을 피하기 위한 장치들이다. 이는 하회마을의 만송정 소나무 식재와 같은 불견처리의 원리가 이곳에서 똑같이 적용된 사례이다.

이처럼 견처리, 불견처리의 사례는 우리 문화재 현장 속에 부지기수로 있다. 문제는 우리가 얼마나 애정을 가지고 우리 문화재를 살펴보느냐에 달려 있다.

2) 패철좌향론

서양에 나침반이 있다면 동양에는 패철이 있다. 패철의 정식 명칭은 나경[69]이지만 '허리에 차고 다닌다'고 하여 찰패(佩), 쇠철(鐵) 자를 사용하여 '패철'이란 단어를 더 많이 사용한다. 패철을 사용하여 혈자리에 놓인 조형물이나, 황천살[70]이 들어오는 방향을 정할 때 사용하는 풍수 이론을 '패철좌향론'이라 한다.

패철은 크기에 따라 7층, 9층, 13층 등 여러 종류가 있지만, 이 가운데 9층 패철을 가장 선호한다. 9층 패철이란 가운데 바늘이 있는 공간을 기준으로 9개의 동심원이 있는 패철을 말한다. 이 가운데 4번째 동심원에 있는 글자들이 패철의 기준이 된다. 4번째 동심원 내부에는 24글자로 구성되어 있는데 이는 24방위를 나타낸다.

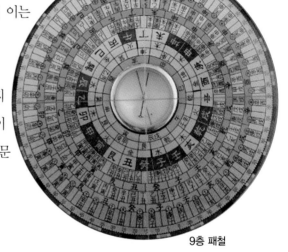

9층 패철

24방위를 나타내는 글자는 천간, 지지, 그리고 8괘에서 따온 것이다. 이번 기회에 24방위를 제대로 알고 문화재 현장에서 활용해 보도록 하자.

---

69 나경 은 원래 '포라만상경륜천지 (包羅萬象經綸天地)에서 나온 말인데 여기에서 나(羅) 자와 경(經) 자를 따라 붙인 이름이다. '포라만상'은 '우주의 삼라만상을 포함한다 는 뜻이고, 경륜천지는 '하늘과 땅의 이치를 다스린다.'라는 뜻이다.

70 황천살은 풍수에서 죽어 나가는 땅 기운, 즉 매우 나쁜 터를 말한다. 패철로 황천살을 보는 방법을 찾을 수 있다. 황천살이 들어오는 곳으로는 나무를 심거나 담장을 높여 나쁜 기운이 들어오지 못 하도록 한다. 경복궁의 동남쪽이 황천살에 해당되어 이를 예방하기 위해 그 방향에 소나무를 심고 지명을 송현동(松峴洞)이라고 부르는 것이 대표적인 사례이다.

24방위 제작 원리

24방위에 사용되는 글자는 천간 8글자, 지지 12글자, 그리고 8괘 4글자가 사용된다

- **천간** : 갑(甲), 을(乙), 병(丙), 정(丁), 무(戊), 기(己), 경(庚), 신(辛), 임(壬), 계(癸)
- **지지** : 자(子), 축(丑), 인(寅), 묘(卯), 진(辰), 사(巳), 오(午), 미(未), 신(申), 유(酉), 술(戌), 해(亥)
- **팔괘** : 건(乾), 태(兌), 이(離), 진(震), 손(巽), 감(坎), 간(艮), 곤(坤)

첫째, 둥근 원을 그려 30도 간격으로 12등분 한다.

북쪽(子)을 기준으로 시계 방향으로 지지에 해당하는 12글자를 기입하라.

북쪽은 자[쥐], 동쪽은 묘[토끼], 남쪽은 오[말], 그리고 서쪽은 유[닭]인지 확인하라.

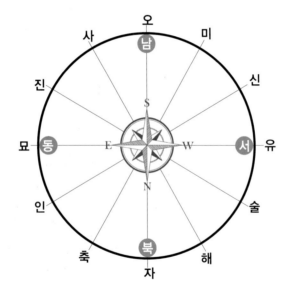

둘째, 12등분한 상태에서 다시 15도 간격으로 양분하여 총 24등분 한다.

동, 남, 서, 북쪽 좌우로 천간 10글자 가운데 8글자를 기입하라.

(가운데 '토'에 해당되는 무(戊)와 기(己)는 생략한다.)

셋째, 24등분한 원 안에서 글자가 빠진 4곳에는 8괘 가운데 4개의 글자가 들어간다.
북서 : 건(乾), 남서 : 곤(坤), 북동 : 간(艮), 남동 : 손(巽)

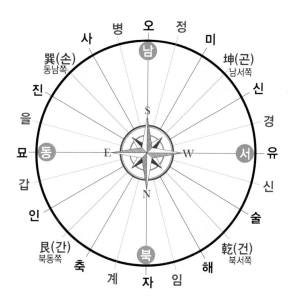

8괘와 방위 및 의미

방위	동	동남	남	남서	서	북서	북	북동
8괘	진(震)	손(巽)	리(離)	곤(坤)	태(兌)	건(乾)	감(坎)	간(艮)
의미	우뢰	바람	불	땅	못	하늘	물	산

조선시대 사용했던 방위를 현대적 의미로 표현하면

- 패철을 통해 좌향을 읽을 때,

  동향은 유좌묘향(酉坐卯向),

  남향은 자좌오향(子坐午向)이라 읽는다.

- 경복궁의 좌향이 조선왕조실록에는 임좌병향(壬坐丙向)이라 기록하고 있으나,

  실제 측량을 하면 계좌정향(癸坐丁向)이다. 놀랍게도 종묘 정전의 좌향도 계좌정향[71]이다.

---

71 종묘와 경복궁 좌향은 계좌정향이다. 오늘날 방위 개념으론 남서쪽 15도 방향쯤 된다. 조선왕릉 정자각 위치의 비밀은
종묘와 경복궁의 좌향과 밀접한 관련이 있다. 흔히 왕릉 정자각을 설명할 때 형태가 정(丁)자형이라 정자각이라 부른다
고 말하지만, 실제로는 훨씬 깊은 뜻이 내포되어 있다. 이 부분은 추후 출간될 『조선왕릉』 편에서 자세히 다루고자 한다.

제5장

환경심리적인
측면에서 본
비보풍수

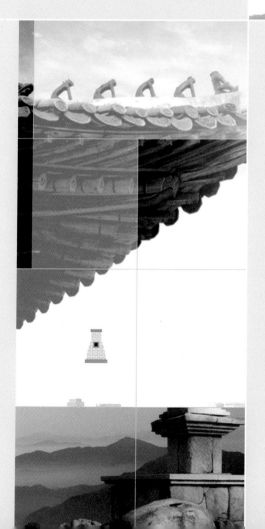

1. 한양도성 계획과 비보풍수

태조 이성계가 개성에서 한양으로 도읍을 옮길 때 무학대사와 정도전 간에 궁궐의 방향을 놓고 논쟁이 벌어졌다. 야사이긴 하지만, 선조 때 대문장가 차천로의 '오산설림'에 의하면, 무학대사는 동향[72]을, 궁궐 조영의 책임자 정도전은 남향을 주장했다. 무학대사의 주장에 따르면, 궁궐을 남향으로 하면 남쪽에 관악산이 놓이게 되는데 그 불[火]기운이 궁궐을 눌러 내우외환이 그치지 않을 것이라고 예언했다. 그러나 정도전은 주례(周禮)라는 중국 고전을 인용하면서, '예로부터 군주는 남쪽을 바라보며 정사(政事)를 펼쳐야 한다'면서 남향[73]을 주장했다. 관악산은 정면에 있지만 멀리 떨어져 있고 한강이 가로막고 있으므로 화기가 미치지 않을 것이라고 반론을 폈다. 아무리 무학대사가 왕의 스승인 왕사(王師)였지만, 당시 실권자인 정도전을 꺾을 수는 없었다. 결국 조선의 정궁 경복궁은 정도전의 의견에 따라 북악 아래 현재 위치에 자리잡게 되었다.

그러나 정통 성리학자로 풍수에도 일가견이 있었던 정도전은 무학대사의 주장을 조목조목 반박하면서 자신의 주장을 관철했지만, 현실적으로 상대방의 주장을 무시하기에는 문제가 있음을 실감했다. 그래서 그는 궁궐 및 도성 계획의 현장에 여러 풍수비보와 관련된 조형물을 설치했다. 이런 사실이 문헌 기록에는 나타나지 않지만, 애정과 관심을 가지고 현장을 꼼꼼히 살펴보면 확인이 가능하다. 궁궐을 남향으로 조성했을 때 경복궁은 풍수적으로 크게 3가지 취약점에 노출된다.

---

72 패철을 통해 좌향을 읽을 때, 동향은 유좌묘향(酉坐卯向), 남향은 자좌오향(子坐午向)이라 한다.
73 경복궁의 좌향이 조선왕조실록에는 임좌병향(壬坐丙向)이라 기록하고 있으나, 실측하면 계좌정향(癸坐丁向)이다. 참고로 종묘 정전의 좌향도 계좌정향이다.

- 관악산의 불[火]기운
- 삼성산[호암산] 바위의 호랑이 기운
- 좌청룡 낙산과 우백호 인왕산의 높이와 지세의 불균형

● 관악산 화기 비보책

조선 개국과 더불어 궁궐을 남향으로 건립했을 때 풍수적으로 가장 큰 위협이 된 것은 관악산 불기운이었다. 관악산은 오행으로 보았을 때 불기운이 치솟는다는 '불[火]'의 기운을 지닌 산이다. 이 기운이 궁궐에 직접 영향을 미쳐 화재가 빈번히 발생할 것이라는 것이 무학대사의 주장이었다. 이와 관련된 문헌 자료를 찾기는 힘들지만 현장에서 살펴본 화재방지 대비책은 아래와 같다.

남산도서관에서 바라본 관악산 전경

첫째, 관악산 연주암 근처에 물웅덩이를 팠다는 이야기가 전해 오지만, 실체를 확인할 길은 없다.

208

둘째, 한강이 중간에 가로질러 흐르지만, 궁궐에서 거리가 멀어 화재 예방에 효과적일지는 의문이다. 그래서 숭례문 앞에 남지(南池)라는 인공 연못[74]을 조성해 관악산에서 뿜어 나오는 화기에 예방하고자 했다. (1차 방어선)

숭례문과 남지터 표지석

숭례문 앞 남지의 흔적 (출처 : 도쿄 한국연구원 소장)
허동현의 모던 타임스, 조선일보, 2013. 10. 1.에서 캡처

---

74 연못은 풍수적 상징성도 있지만, 방화수로써 실용적 기능성 역할도 담당했을 것이다. 현재 그 자리는 흔적도 없이 사라지고 표지석만 남아 있다.

셋째, 성곽의 정문인 숭례문을 '북한산(백운대)-경복궁-숭례문-관악산' 축선에 맞게 배치하되 숭례문의 대문 방향을 정남쪽에서 서쪽으로 조금 틀어[75] 관악산의 화기가 직접 닿는 것을 피하고자 했다. (2차 방어선)

복구된 숭례문

세로로 쓰여진 숭례문 현판

넷째, 남대문의 현판을 숭례문(崇禮門)이라고 쓰고, 세로로 배치했다. 여기에는 관악산의 불기운을 불기운으로 제압한다는 뜻이 담겨 있다. 즉, 숭례문에서 숭(崇)자는 불꽃이 위로 타오르는 모습을 본뜬 상형문자이고, 례(禮)란 글자를 오행으로 분석하면 화(火)에 속하면서 방위는 남쪽에 해당한다. 이렇듯 숭례는 '남쪽에 불을 지른다.' 는 의미로 해석이 된다. 글자를 세로로 쓴 것은 불을 불로써 막아 내겠다는 의지의 표현이니 결국 '이화제화(以火制火)'로 관악산 화기에 대한 맞불 작전이 숭례문 현판 글씨에 숨겨 있다. (3차 방어선)

---

75 기(氣)의 흐름이 가장 빨리 전달되는 통로는 도로나 대문 (하회마을 양진당 대문, 양동마을 향단의 대문)이다. 따라서 관악산의 불기운이 직접 숭례문 대문을 통해서 통과하는 것을 막기 위해 방향을 서쪽으로 틀어 놓았다. 풍수의 불건처리를 한 사례이다.

다섯째, 관악산 불기운이 직접 궁궐로 침입하지 못 하도록 도로의 축을 틀어 놓았다. 그 결과 궁궐의 축선과 세종로 축선이 일치하지 않는다. 또한, 경복궁의 안산 격인 황토마루(지금의 조선일보 부근)에서 종로 거리(현재 보신각)로 축을 틀어 남대문시장을 지나 숭례문에 도달하도록 도로 계획을 수립했다. (4차 방어선)

경복궁과 세종로의 축선

세종로 네거리에서 바라 본 경복궁 및 백악산

여섯째, 조선의 제26대 고종(高宗) 임금 때, 흥선대원군(興宣大院君)은 불에 탄 경복궁을 270년 만에 중건하면서 관악산의 화기를 막기 위해 돌로 해태상[76]을 만들어 광화문 앞에 배치했다.

조선시대 육조거리와 해태상 (국립민속박물관 제공)

광화문 입구에 놓인 해태상

조선의 성리학자들은 600년 전 한양도성을 건설하면서 그 과정을 조선왕조실록에 기록으로 남겼다. 오늘날 학자들은 이 기록을 너무 맹신한 결과, 한양도성 계획에 풍수적인 관점은 없었다고 단언한다. 앞에서 보았듯이 과연 그럴까?

조선은 불교와 미신을 배척하고 성리학을 기반으로 건국 및 통치 이념을 구현한 국가이다. 그로 인해 기록에 목숨을 건 선비들이었지만 유독 불교 및 풍수에 관한 내용을 공식적인 문헌자료에 남기는 작업에는 인색했다. 하지만 그들이 남긴 유형의 흔적들은 오늘날 문화재라는 이름으로 잘 남아 있는데, 예외 없이 풍수 원리가 그 속에 담겨 있다. 우리의 문화재를 공부할 때 문헌 자료보다 현장 경험이 중요한 이유가 바로 여기에 있다.

오늘날 경복궁에서 숭례문까지 걸어서 둘러보면, 조선시대 육조(六曹) 거리였던 광화문 광장은 동네북인 양 시도 때도 없는 건설 공사로 평온한 적이 없으며, 경복궁의 안산 격인 황토마루는 그 흔적조차 찾을 길이 없고, 숭례문 앞 남지(南池)가 있던 자리에는 조그마한 표지판만 남아 있으며, 위용 넘쳤던 해태상은 제자리도 지키지 못하고 엉뚱한 곳에서 허공만 바라보고 있다.

---

76 해태는 동아시아 지역에 등장하는 상상의 동물로서 해치라고도 한다. 몸 전체가 비늘로 덮여있고 머리에는 뿔이 1개, 목에는 방울이 달려 있다. 성품이 충직하며, 시비와 선악을 판단하는 능력이 뛰어나 법과 정의를 관장하는 사헌부를 상징하는 동물로 알려져 있다. 그러나 조선 후기에는 화재나 재앙을 물리치는 성스러운 동물로 인식하여 관악산의 화기를 제압하기 위해 광화문 앞에 설치했다. 원래 해태의 위치는 광화문에서 50m 정도 떨어진 육조거리에 있었으나 한국전쟁 이후 광화문을 재건하면서 현 위치로 옮겨 놓았다. 2008년 5월 서울의 상징 아이콘으로 해태가 선정되었다. 이는 파리의 에펠탑, 뉴욕의 자유의 여신상처럼 서울의 브랜드 가치를 높이겠다는 취지이다.

서울은 600년 역사를 지닌 정치, 경제, 외교, 문화의 메카로서 세계 어느 장소와 견주어도 손색이 없는 국제도시이다. 그러나 요즘 돌아가는 추세를 보면 개발이라는 명분으로 너무나 급속하게 과거의 흔적이 사라지는 것 같아 안타깝다. 유럽의 선진국들이 기술과 자본이 없어 옛 도시들을 그대로 두었을까? 불편을 감수하면서 보전하려고 한 그 뜻을 한국인 모두는 특히, 이 나라를 이끌고 가는 지도자들은 깊이 새겨 볼 일이다.

● 삼성산[호암산] 호압사 창건 설화

조선을 개국한 후 궁궐을 건립할 때 관악산의 불기운과 더불어 풍수적으로 또 다른 위협이 된 것은 삼성산[호암산] 호랑이 형상을 한 바위 기운이었다. 이 기운이 궁궐을 향하고 있어, 실제 궁궐 조성 때 건물들이 여러 차례 무너지는 일이 발생했다. 이 기운을 누르기 위해 호랑이 꼬리에 해당하는 자리에 절을 지었는데 이 사찰이 '호압사'[77]이다. 1394년(태조3)을 전후해[78] 궁궐을 짓는 과정에서 일어난 흥미로운 이야기 속으로 들어가 보자.

전설에 의하면, 태조 이성계가 전국의 장인을 모아 궁궐을 조성하고 있었다. 그런데 여러 차례에 걸쳐 밤만 되면 건물들이 무너졌다. 그러던 어느 날 밤, 어둠 속에서 괴물이 나타났는데 반은 호랑이고, 반은 형체조차 알 수 없는 이상한 동물이었다. 이 괴물은 눈으로 불길을 내뿜으며 건물을 들이받으려고 하였다. 이때 이성계는 신하들과

---

77 호압사는 서울시 금천구 시흥 2동에 위치. 대한불교조계종 직할교구본사인 조계사 말사이다. 주불전은 약사전이다. 18세기 전국 사찰의 소재와 유래 등을 기록한 〈가람고〉에 의하면 호압사는 호랑이의 기운을 누르기 위한 비보사찰로 소개되고 있다.
78 호압사는 1407년(태종7) 왕명으로 창건했다는 기록도 전한다.

함께 괴물에게 화살을 빗발처럼 쏟아부었다. 그러나 괴물은 화살 공격에는 아랑곳없이 궁궐을 무너뜨리고 사라졌다. 침통한 마음으로 침실에 들었을 때 한 노인이 임금 앞에 나타나 "한양은 비할 데 없이 좋은 도읍지로다"라고 말하며, 멀리 보이는 한강 남쪽의 한 산봉우리를 가리켰다. 이성계는 노인이 가리키는 곳을 보니 호랑이 머리를 한 산봉우리가 한양을 굽어보고 있는 것이었다. 그래서 노인에게 호랑이 모습을 한 산봉우리의 기운을 누를 방도를 가르쳐 달라고 부탁했다. 노인이 아뢰길, "호랑이란 꼬리를 밟히면 꼼짝 못 하는 짐승이니 저기 호랑이 형상을 한 산봉우리의 꼬리 부분에 절을 지으면 만사가 순조로울 것입니다." 하고는 홀연히 사라졌다. 그후 이곳에 절을 짓고 호압사(虎壓寺)라고 하였다.

삼성산 호압사와 호랑이 형상 바위

호랑이 꼬리부분에 위치한 호압사

창건설화에 근거한 호랑이 벽화 (삼성각 벽면)

삼성산[호암산] 정상 근처에 위치한 석구상

실제 '호압사' 주변을 살펴보면, 전설 속에 나온 내용이 현실 속에서 펼쳐진다.

호압사 주불전인 약사전과 삼성각이 있는 장소가 호랑이 꼬리에 해당된다는 사실, 삼성각 벽면에 있는 호랑이와 관련된 벽화, 호암산 주변에 위치한 석구(石狗) 조각상 등이 전설에 기반을 두고 있어 흥미롭기만 하다. 석구상을 일부 학자들은 해태상이라고 주장하지만, 이야기의 전개상 해태상은 어색한 느낌이 든다. 이때 석구상은 호랑이 먹잇감으로 조성되어 호랑이 기운이 한양도성으로 돌진하지 말라는 회유책의 일환으로 조성된 듯하다. 이렇듯 다양한 방어책을 구축했음에도 불안한 나머지 한양도성과 삼성산[호암산] 사이에 위치한 사자형상의 산에 절을 창건해서 호랑이와 맞대결을 시키는 2차 방어선을 구축한다. 호랑이를 상대할 유일한 동물은 사자라는 믿음이 반영된 현장이다. 그 사찰이 바로 서울시 동작구 상도동 국사봉에 있는 사자암(獅子庵)이다. 풍수가 과학이냐, 미신이냐를 떠나서 이렇게 믿음이 현실이 되어 오늘날까지 살아 숨쉬는 흥미진진한 현장을 본 적이 있는지?

● 사자암(獅子菴) 창건설화

1396년(태조5) 무학대사가 창건했다는 사자암이 있는 국사봉은 풍수적으로 사자가 하늘을 향해 포효하는 형상이라고 한다. 전해오는 이야기에 의하면,[79] 호암산 호랑이 형상의 기운이 한양도성을 향해 돌진하는 것을 사자의 기운으로 맞대결을 시켜 호랑이의 한양 진출을 차단하겠다는 의지가 반영된 사찰이 사자암이다. 이 사찰이 위치한 국사봉의 지형지세가 사자가 포효하는 형상인지는 필자의 좁은 안목으로 알 길이 없으나 사찰 경내를 살펴보면 이야기와 관련된 흔적들이 여기저기에 나타난다.

삼성산[호암산] 전망대에서 바라본 국사봉과 보현봉

---

79 사자암과 관련하여 또 다른 이야기도 전해온다. 무학대사가 서울의 풍수를 살펴보니 만리현(현재 만리동)이 남쪽으로 달아나려는 호랑이의 형상이었다. 국운에 좋은 호랑이 기운이 빠져나가는 것을 막기 위해서 국사봉에 사자암을 지었다는 내용이다.

삼성산 사자암 현판

사자암 극락보전 우측 벽화 - 태조 이성계와 무학대사가 풍수비보책에 대해 대화를 나누는 장면

사자암의 주불전 극락보전과 우측 벽화

범종각의 명칭 '사자후'

먼저 사찰 입구의 현판 글씨가 '삼성산 사자암'이다. 범종각의 종소리가 마치 사자가 포효하는 소리라는 듯 그 명칭이 '사자후'이다. 사자의 흔적을 증명이라도 하듯 사자암 주불전인 극락보전의 우측 벽을 보면 태조 이성계와 무학대사가 사자암 건립에 관한 대화를 나누는 장면을 그린 벽화가 있다. 이 모두가 호암산 호랑이 기운을 약화시키기 위한 풍수비보의 현장이라 할 수 있다.

위에 언급한 이야기는 구체적인 조형물로써 확인이 가능하다. 전설이나 설화의 내용이 단지 박제된 언어로만 존재하는 것이 아닌 현장에서 볼 수 있다는 것은 현대인들에게 흥미를 주기에 충분하다. 풍수비보의 현장을 오늘날 관광 자원화 하는 차원에서 이보다 좋은 소재는 없다. 사찰이나 관할 지자체의 진지한 고민이 필요하다.

● 낙산(좌청룡) 비보책

풍수적인 관점에서 볼 때, 낙산은 서울의 좌청룡에 해당한다. 우백호인 인왕산과 비교하면 높이나 지세가 현격히 떨어진다. 산세가 낮다는 것은 명당의 기운이 빠져나가는 점도 있지만, 군사적인 측면에서 보더라고 취약한 점이 많다. 이에 대한 대비책을 읽어냄으로써 선조들의 생각을 알 수가 있다.

첫 번째 : 낙산의 명칭

낙산의 원래 명칭은 타락산(駝酪山)이다. 타락(駝酪)은 우유를 뜻하는 돌궐어 '토라크'에서 유래되었다. 조선시대에는 우유제품을 통틀어 '타락' 이라 불렀다. 「동국세시기」에 의하면, 궁중에서는 시월 초하루부터 정월에 이르기까지 내의원에서 암소의 젖을 짜서 만든 타락죽을 임금님께 진상하였다고 전한다. 임금님은 타락죽을 종종 신하들에게 하사품으로 내리기도 했다. 마찬가지로, 우백호인 인왕산(338m)보다 높이가 1/3에 불과한 낙산(126m)인 점을 고려하여 허약한 기(氣)를 보충시키는 의미에서 만든 지명이 낙산이다. 일부 책자를 보면, 낙타의 모양을 닮아서 낙타산(駱山)이란 내용도 보인다. 낙산의 어느 지점이 낙타를 닮았는지 그런 이야기가 나온 연유를 알 길이 없다. 쇠젖 낙(酪)자를 사용하는 낙산(酪山)을 낙타 낙(駱)자를 사용하여 낙산(駱山)으로 쓰고 있는 것이 옳은 표현인지 모르겠다. 신중한 검토가 이루어지길 바란다.

두 번째 : 동대문 편액의 글자와 옹성

서울성곽의 동쪽에는 동대문이 있다. 동대문의 원래 명칭은 흥인문(興仁門)이다. 한양도성 계획의 일환으로 1398년(태조 7)에 완성했으나 임진왜란 때 파괴되고 지금의 동대문은 1869년(고종 6)에 새로 지은 것이다. 이때 편액의 글씨에 갈지(之) 자를 첨가해서 오늘날 흥인지문(興仁之門)으로 부르고 있다. 갈지(之)라는 글자는 용트림하는 글자로 풍수에서 흔히 사용한다. 그래서 흥인문(興仁門)을 흥인지문(興仁之門)이라 명명한 것도 동쪽의 허함을 풍수적으로 보충해주기 위해서 사용한 풍수 처방이다.

또한, 흥인지문은 다른 문과는 달리 옹성(甕城)이 있는 것이 특색이다. 옹성은 밖에서 성문이 보이지 않게 성문을 둘러싼 작은 성으로서 적을 방어하고 지키기에 편리한 기능이 있다. 따라서 이곳에 옹성을 쌓은 이유는 군사적으로 적을 방어하는 실용적 목적 이외에 동대문 부근의 지형이 낮은 허함을 풍수적으로 보충해주는 상징적 의미가 크다.

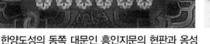

한양도성의 동쪽 대문인 흥인지문의 현판과 옹성

세 번째 : 동대문운동장 자리에 만든 가산(假山)

좌청룡 낙산의 산줄기가 낮고 약하면 명당의 기(氣)가 빠져나가 버린다. 이를 보완하려는 일환으로 생각한 대비책이 가산(假山)이다. 가산을 조성할 때 필요한 흙은 청계천을 준설할 때 나온 흙으로 해결했다. 명당 터를 아끼고 보호하려는 노력이 눈물겹다.

하지만 이 가산도 일제강점기 때 일본인들에 의해 허물어지고 이곳에는 최초의 근대 체육시설인 경성운동장[80]이 들어섰다. 이후 1945년 광복을 맞아 서울운동장, 동대문운동장 등으로 이름을 바꾸면서 체육시설의 메카로서 명성을 유지하다가 2007년 서울고교야구 가을리그 결승전을 끝으로 운동장의 기능은 막을 내렸다. 현재 그 자리에는 동대문디자인플라자(DDP)가 들어섰고 동대문역사문화공원으로 탈바꿈하여 동대문의 새로운 랜드마크로 그 위상을 드러내고 있다.

---

80 1925년 5월 서울 인구 25만 명을 기준으로 기공하여 그해 10월에 준공하였다.

2. 봉황 이야기

봉황은 어질고 현명한 성인과 함께 세상에 출현한다는 성스러운 전설의 새다. 수컷을 봉(鳳), 암컷을 황(凰)이라고 부른다. 동양 문화권에서는 용, 기린, 거북[현무]과 함께 4마리의 신령스러운 동물 가운데 하나로 인식한다.

조선시대에는 그 생김새와 행동거지가 임금이 마땅히 지녀야 할 덕목을 보여 준다고 여겨 임금의 상징으로 꼽기도 했다. 오늘날 봉황은 대통령 전용 휘장 문양으로 사용되며 청와대 정문에도 두 마리의 봉황이 마주 보고 배치되어 있다.

봉황은 그물에 걸리지 않고, 오동나무가 아니면 내려앉지 않으며, 감천(甘泉) 혹은 예천(醴泉)[81]의 물을 마시며, 대나무 열매를 먹고 산다. 어디까지나 상상 속에 존재하는 새이지만, 우리나라에서는 풍수적 지명으로 널리 사용되고 있다.

- 안동 천등산 **봉정사**
- 가야산 합천 해인사 **봉황문**
- 대구 팔공산 동화사 **봉서루**
- 담양 소쇄원 **대봉대**
- 곡성 **동리산** 태안사
- 문경 희양산 **봉암사**
- 경기도 안성시 **일죽[82]면**
- 진주 **비봉산** 봉알자리

  이외에도 **대봉산, 비봉산, 봉명산** 등 지명은 부지기수다.

---

81 경상북도 예천군의 한자명이 봉황이 마시는 물과 같다. 그만큼 예천의 수질은 맑고 깨끗하다는 뜻이다. 최근 예천에서 막걸리를 출시하면서 봉황이 마시는 물로 홍보를 하는 것 같다. 단순히 막걸리 홍보만 할 것이 아니라 예천 지역이 십승지의 한 곳이며, 용의 배 속(용궁면)에 자리 잡은 살기 좋은 장소라는 이미지를 부각해 관광도시로 발전하면 좋겠다.

82 안성시에 위치한 죽주산성, 칠장사 답사를 하러 가는 도중 만나는 지명이 일죽IC, 일죽면사무소, 일죽고등학교, 죽산면사무소 등이다. 주변에 대나무는 보이지 않는데 지명이 전부 대나무다. 지도를 펴보니 죽주산성 주변에 비봉산(369m) 기운이 서려 있다. 결국은 풍수의 지명 비보를 한 사례였다(원래는 죽일동이었는데 발음상 일죽으로 바꾼 경우다).

위 지명들은 모두 봉황과 관련이 있다. 봉황을 오랫동안 머무르게 하려면 먹이가 되는 대나무가 풍부해야 한다. 그래서 봉황 지명이 있는 산 아랫마을에는 대나무가 있거나, 여건이 허락하지 않으면 지명으로 보충해 주는 지혜를 발휘해 왔다. 오동나무 또한 마찬가지다.

앞으로 위와 같은 지명이 있는 곳으로 문화재 답사를 하러 갈 때 그 장소가 봉황과 어떤 연관성이 있는지 사전 조사를 하고 떠나면 답사가 훨씬 흥미롭고 유익할 것이다.

봉황 조각상과 봉황알 (대구 팔공산 동화사)

봉황알의 유래 (대구 팔공산 동화사)

● 봉정암, 봉복사 그리고 봉미산 신륵사

강원도 횡성군에 가면 봉복산(1,019m)과 덕고산(1,125m) 봉복사라는 절이 있다. '봉복(鳳腹)'은 봉황의 배 속이란 뜻이다. 우연히 발견한 절이었지만 이렇게 반가울 수가 없다. 강원도 설악산에 가면 정상 바로 아래에, '봉정암(鳳頂庵)'이 있다. 봉정암은 불교에서 가장 신성시하는 5대 적멸보궁[83] 가운데 한 곳이다. 또한, 경기도 여주시에 가면 봉미산(鳳尾山) 신륵사 천년 고찰을 만날 수 있다. 봉정암–봉복산–봉미산에서 공통으로 사용된 단어는 봉황이다.

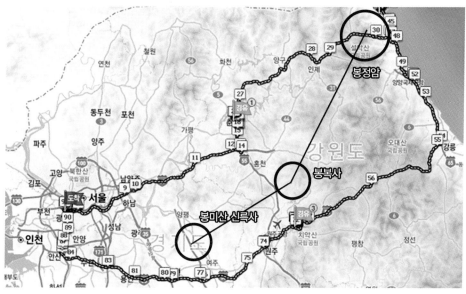

봉정암, 봉복사, 봉미산 신륵사의 위치

봉정암은 봉황의 정수리, 봉복사는 봉황의 배 속, 그리고 봉미산은 봉황의 꼬리 부분에 해당한다. 지도를 펼쳐 이 세 곳을 연결하면 한반도의 중부 지방은 봉황으로 덮이게 된다. 이 세 곳이 우리 국토 전체를 염두에 두고 이런 지명을 의도적으로 사용했는지는 알 수가 없다. 봉정암, 봉복사, 봉미산이 각각 그 지역의 특성을 고려해서 독자적으로 사용했을 수도 있다. 하지만 우연이라고 치부하고 그냥 지나치기는 너무 아까운 문화자원이 아닐 수 없다. 강원도 양양군, 횡성군 그리고 경기도 여주시에서는 관

83 적멸보궁이란 석가모니 부처님의 진신사리(眞身舍利)를 봉안한 사찰을 말하며 여기에는 따로 불상을 모시지 않고 불단(佛壇)만 있다.

광자원의 일환으로 이 사실을 적극적으로 홍보할 필요가 있다. 무슨 황당하고 어처구니없는 이야기냐고 치부할 수 있지만, 모든 위대한 이야기의 서막은 이렇게 시작되는 것이 아닐까?

여주 봉미산 신륵사 일주문

여주 영월루에서 바라본 남한강과 봉미산 전경

● 안동 천등산 봉정사 풍수 이야기

앞 장에서 안동 봉정사의 창건 설화에 관한 이야기를 했다. 이 내용을 단순한 설화가 아닌 풍수의 관점에서 다루어 보고자 한다.

유네스코 세계문화유산, 봉정사

봉정사 안내도

'천등굴에서 수학하던 능인대사가 도력으로 종이를 가지고 봉(鳳)을 만들어 날렸는데 이 봉이 지금의 봉정사 터로 날아가 앉았다. 스님은 그 터가 명당임을 알고 마침내 절을 세우고, 봉황이 머물렀다 하여 절 이름을 봉정사(鳳停寺)라 명명하였다.'

이 창건설화 속에는 현대인들이 잘 모르는 은유적 표현이 담겨 있다. 이를 이해하지 못하면 설화는 그저 설화로 끝날 뿐이며 아무런 교훈이나 가르침을 주지 못한다. 위와 같은 표현은 순천 송광사의 창건 설화와 맥을 같이 한다. 모두 풍수의 형국론과 형세론에서 강조한 '세-형-혈' 이론을 도입하여 설명을 곁들이면 한층 설득력을 높일 수 있다.

안동시 주변에는 안동의 '진산' 학가산이 있다. 학가산은 주변의 많은 사찰이나 서원, 그리고 양반 가옥들이 터를 정할 때 영향을 미치는 중요한 산이다. 봉정사 또한 마찬가지다. 풍수 이론으로 볼 때 학가산은 봉정사의 '세산'에 해당한다. 그리고 봉정사 뒷산인 천등산은 '형산'이 되며 형산에서 '태-식-잉-육'의 과정을 거쳐 봉정사에 혈자리가 맺힌다. 이를 자생풍수인 형국론적 입장에서 보면 한 마리의 봉황이 날개를 접으면서 둥지 속으로 하강하는 전형적인 '비봉귀소형'의 모양새이다. 봉정사 전경을 항공사진이나 드론을 활용해서 촬영하면 확연히 알 수가 있다. 봉정사는 현대인의 힐링 장소로 더없이 소중한 보배로운 사찰이다.

● 진주시 상봉동 봉알자리(봉란대)

한반도 지도를 펼쳐 들고 봉황과 관련된 지명을 찾다 보면 늘 생각나는 도시가 하나 있다. 서부 경남의 거점도시 '진주시'다. 충절의 도시, 교육 문화의 도시, 2019년 유네스코 창의도시(공예와 민속예술 분야), 여기에 필자는 풍수의 도시라는 타이틀을 하나 더 추가하고 싶다. 봉황과 관련된 이야기를 만드는데 진주만 한 곳은 없다.

진주시의 진산(鎭山)은 원래 대봉산(大鳳山)이었다. 그런데 진주 인물들이 조정을 채우자 왕실에서는 이를 두려워했다. 그래서 어명으로 진주의 봉황 기운을 날려 보내려는 의도로 대봉산을 비봉산(飛鳳山)으로 바꾸어 버렸다. 이에 더하여 봉황의 좌우 날개에 해당하는 곳에 도로를 내거나 지명으로 훼손시키는 만행을 저질렀다. 그러자 봉황 기운이 날아가 버리면 진주는 끝장날 것을 우려한 이곳 사람들은 풍수적 대비책을 세웠다. 과연 그 대비책이란 어떤 것일까?

진주의 진산인 비봉산과 촉석루 및 남강
출처 : tvN알쓸신잡, 진주 편에서 캡처(2018. 11. 2. 방영)

현재 진주시 상봉동 911-11번지에 위치하는 봉란대(鳳卵臺)는 서기 1200~1300년 사이에 만들어졌다. 어느 고승(高僧)이 봉곡촌을 지나가다 선대(先代) 사적의 사연을 들고 "날아간 봉황은 알 낳을 자리만 있으면 돌아오는 법이니 알 낳을 자리를 만드십시오."라고 조언했다. 고승의 말대로 봉곡촌 중앙동산에 봉황이 알 낳을 자리인 봉란대를 만들었고, 그 후손들이 유허비를 세웠다. 현존하는 비석은 진주 강씨 시조인 강이식 장군의 유허비(遺墟碑)다. 전면에 '병마원수강공이식유허비' 라는 글자를 전서체로 표기했으며 윗부분에는 '비봉포란(飛鳳抱卵)' 이란 글자를 전서로 표기해 놓았는데 '날아간 봉황의 알을 품고 있다' 라는 뜻이다.

봉알자리 입구 (진주시 상봉동)

봉알자리 내부 강이식 장군 유허비 (진주시 상봉동)

또한, 진주시 남강변 가로수는 대나무 숲으로 조성되어 있다. 이는 봉황이 진주를 떠나지 못 하도록 심어놓은 풍수 먹거리이다. 그뿐만 아니다. 대진고속도로가 생기기 이전에는 진주시에서 지리산 산청으로 통하는 길은 3번 국도였다. 3번 국도에는 상봉동(上鳳洞)도 있지만, 그곳 로터리 명칭은 아예 오죽광장과 봉곡광장이다. 봉황의 집인 오동나무와 먹거리인 대나무 죽(竹)으로 봉황을 잡아두려 한 대비책의 일환이다.

진주 남강변 대숲

진주시 상봉동 오죽광장

아쉬운 것은, 봉알자리(봉란대)의 관리에 관한 문제이다. 현재 이곳은 진주 강씨 대종회에서 관리하고 있다. 하지만 이곳을 진주 강씨 문중에서만 관리하기에는 현실적으로 어려움이 따를 것이다. 이곳이 이제는 어느 한 집안의 자산이 아닌 진주시의 값진 문화자산이란 인식이 절실히 필요하다. 따라서 진주시 차원에서 이곳을 비봉산 풍수와 연계하여 주변 관리 및 보존에 더욱 철저히 신경을 써서 진주 풍수의 랜드마크로 성장할 수 있기를 기대해 본다.

● **담양 소쇄원(瀟灑園)**

답사를 가보면 지역마다 느낌이 다른데 전라도는 설렘이 있다. 그 설렘의 한가운데 소쇄원이 있다. 소쇄원이 위치한 전남 담양은 가사 문학, 정자 문화의 산실이다. 이런 연유로 소쇄원은 국문학도나 건축학도, 조경학도들의 답사 필수코스이기도 하다.

소쇄 양산보(梁山甫, 1503~1557)가 스승 조광조(趙光祖, 1482~1520)의 억울한 죽음을 목도한 후 고향인 창평으로 귀향하여 은둔할 정자를 지으니, 그곳이 바로 조선시대 최대의 별서정원 소쇄원이다. 성리학자의 입장에서 소쇄원을 설명하는 안내서도 많지만, 이곳 역시 봉황과 관련된 풍수 명당 터이다.

소쇄원은 봉황과 관련된 소재들이 입구에서부터 발견된다. 진입하자마자 빽빽한 대 숲의 환영을 받게 되고, 오동나무 또한 여기저기에서 잘 자라고 있다. 대숲을 지나면 가장 먼저 눈에 띄는 장소가 대봉대(待鳳臺) 위에 세워진 초정(草亭)이다. 대봉대란 시원한 오동나무 그늘에 앉아 봉황[귀한 손님]을 기다리는 집이란 의미이다. 대나무, 오동나무, 그리고 대봉대…… 이로써 소쇄원은 봉황 풍수로 잡은 택지임이 명백하다.

담양 소쇄원 입구의 대숲

소쇄원의 안과 밖을 나누는 담장   소쇄원 초입에 위치한 대봉대

해 질 무렵 대봉대 정자에 앉아 있으면 하염없는 달빛이 그 앞을 흔적도 남기지 않고 지나간다. 이곳의 바람소리, 달빛에 비치는 계곡의 물소리가 가히 일품이다. 달빛 속의 정취를 생각할 때 인원수를 제한하든, 예약제로 하든 야간 개장도 고려해 볼 만하다.

3. 인재 산실의 메카 : 문필봉 신앙

'문필봉'은 조선시대 신앙이었다. 도대체 '문필봉'이 뭐길래?

문필봉이란 산봉우리가 붓을 닮아 뾰족한 삼각형 봉우리에 붙인 이름이다. 풍수가들은 문필봉이 정면에 보이면 공부 잘하는 학자가 많이 배출된다고 한다. 그 근거는 봉우리 자체가 붓처럼 생겼는데, 붓은 문(文)을 상징하기 때문이다. 따라서 문필봉이 보이는 장소에서 장기간 거주하면 그 기운을 받은 사람도 역시 문필가나 학자가 된다고 믿는 그 마음이 조선시대 학자들의 풍수적 정서였다.

주위의 산세가 그곳에 거주하는 인간에게 영향을 미친다는 것, 그것은 굳이 풍수를 들이대지 않고서도 설명이 가능하다. 학창 시절에 접한 교과서에도 등장하는 호손(N.Hawthorne)의 단편소설 '큰 바위 얼굴'[84]이 좋은 예가 된다. 인걸(人傑)은 지령(地靈)이라고, 동서양이 다를 바 없다.

교육열 세계 1위를 지향하는 대한민국의 수험생 부모들, 특히 대학수학능력평가시험 당일, 영하의 추위에도 아랑곳하지 않고 자식이 시험을 치르는 교문 밖에서 종일 기도를 드리는 우리네 부모들에게 문필봉은 기도처로써 또 다른 대안이 될 수 있다.

그렇다면 문필봉은 실제 어느 곳에 존재하는가? 인터넷 검색으로 '문필봉'을 클릭하

---

84 큰 바위 얼굴 : 미국의 소설가 N.Hawthorne(1804~1854)의 작품. 장차 훌륭한 인물이 될 것이라는 전설을 어머니에게 전해 들은 주인공이 날마다 큰 바위 얼굴을 바라보며 꿈과 희망을 키워 나중에 진짜 큰 바위 얼굴이 된다는 이야기.

면 전국에 걸쳐 수많은 문필봉 지역을 볼 수 있다. 동양학자 겸 칼럼니스트인 조용헌의 글에 의하면[85] 우리나라 종가 70% 이상 사랑채나 마당 앞에 서서 정면을 바라보면 잘생긴 산들이 눈에 띄는데 그 형태가 문필봉이라고 한다. 이 가운데 대표적인 3곳의 문필봉을 소개하고 있다. 즉, 경남 산청군의 필봉산 주변, 전북 임실군의 삼계면 일대, 그리고 경북 영양군의 주실 마을이다. 이곳들은 조선시대부터 지금까지 학자들이 많이 배출된 명당마을이라고 한다. 산청군의 필봉산 근처에서는 조선시대 팔(八)선생이 배출되었고, 임실군 삼계면에서는 1개 면에서 지금까지 103명(2015, 160명)의 박사가 배출되었으며, 영양 주실마을은 한양 조씨의 집성촌으로 청록파 시인 조지훈을 비롯하여 지금까지 16명의 박사가 배출되었다고 한다.

영양 주실마을 안산의 문필봉과 안내문

문필봉과 관련하여 대한민국 3대 박사마을이 존재한다는 사실도 흥미롭다. 박사마을의 근거는 대학교에서 박사학위를 얼마나 취득하였느냐의 여부이다. 대도시가 아닌

---

85 조용헌, 강호동양학, 인물과 문필봉, 중앙일보, 2004. 2. 13. 인용 자료가 16년 전 이야기니까 현재와는 큰 차이가 있을 수 있지만 많은 인재 배출지역임은 분명하다.

지방도시 혹은 군 단위의 자그마한 농촌 마을에서 학문의 최고봉인 박사를 배출한 것은 뉴스거리가 되기 충분하다. 그런 지역을 살펴보니,

- 전북 임실군의 삼계면 박사마을
- 강원도 춘천시 서면 박사마을
- 경북 영양의 주실마을(혹 경북 예천의 금당실마을)

춘천 박사마을 입구 안내 표지판　　　춘천 박사마을 유래 및 선양탑

위에서 언급한 모든 지역을 여러 번 방문했다. 각각의 마을에 도착해서 현지인들을 만나 이야기를 나눠보면 학자를 배출한 지역이란 자부심이 대단하다. 적어도 10년 전에는 그랬다. 그러나 현재는 그 흔적만 남아있을 뿐, 동네의 유래를 알고 계시는 어르신들은 작고하시고 젊은이들은 과거 사정도 잘 모를 뿐 아니라 별 관심도 없는 것 같아 안타까울 따름이다.

위에서 언급한 4곳의 지역을 다니면서 필자의 머리에서 떠나지 않는 의문은,

열악한 교육 환경임에도 불구하고 이런 지역에서 많은 학자나 박사들이 배출되는 원동력은 무엇일까? 였다.

필자의 견해로는, 다소 주관적이지만 이 지역의 풍수와 조선시대 한양에서 유배 온 학자들이 뜨거운 열정으로 후학을 키운 덕분이 아닐까 생각한다. 다시 말해, 풍수가 좋은 땅에서 유배 온 뛰어난 선비[86]의 가르침을 집중적으로 받은 지역의 인재들이 결국 중앙무대에서 빛을 발한다. 그 영향이 지금까지 이어지면서 역사가 되고 전통으로 이어져 오늘날까지 그 찬란한 영광의 흔적이 지속되는 것은 아닐까?

특히 임실군의 박사마을에 대한 홍보는 방문객에게 많은 생각을 하게 만든다. 사전 조사한 정보를 가지고 삼계면 마을 공동회관에 도착하니 오홍섭 운영위원장[87]이 반기신다. 그는 자신의 일정을 미루고는 자신의 차에 필자를 태우고 동네에서 박사를 배출했다는 집들을 일일이 방문하면서 소개해 준다. 회관 안에는 그동안 박사학위를 취득한 인물들의 사진이 한 곳에 집중적으로 전시되어 있다. 형제나 부자간 박사는 이곳에서 기본이고 한 집안에서 6명의 박사가 배출된 집도 존재했다. 아쉬운 점은 모두 지금은 사람이 살지 않고 방치해 두고 있다는 사실이다. 임실은 치즈로 유명하다. 하지만 박사마을의 장점과 박사가 배출된 터를 잘 활용하여 신혼부부나 입시생들에게 제공해서 새로운 지역 발전의 활로를 개척하는 것은 어떨지 생각해 본다.

---

86 이 글은 문필봉에 초점을 맞췄지만, 유배 온 선비들을 조사해서 학풍을 조사하는 것도 의미가 있는 작업이 아닐까 생각되니 누군가 후학들이 조사하면 좋겠다.

87 2016년 당시 임실군 삼계면 운영위원장

임실군 삼계면 박사골 체험관 입구

임실군 후천마을 6박사댁 (3대, 노상수 외)

전국을 무대로 문화재 강의를 하다 보니 길목에 있는 산청군을 자주 지나게 된다. 진주시와는 인연이 깊어 거의 매년 강의하게 된다. 진주시청, 진주 연암도서관, 진주과학기술대학교 등 대부분 공공기관에서 의뢰가 와서 기쁜 마음으로 달려간다. 자연스럽게 상경할 때 산청군의 문필봉을 보기 위해 이곳에 들른다. 특히 산청군의 문필봉을 보려면 산청중학교와 산청고등학교가 제격이다. 산청고등학교 교문을 들어서는 순간 정면에 산청의 랜드마크 문필봉이 산청고등학교 운동장을 향해서 그 기운이 펼쳐져 있다. 넋이 나가 한참을 바라보고 있었다. 정문 정면에는 필봉산의 문필봉이, 정문 좌측에는 지리산 웅석봉이 포진하고 있다. 산청고등학교 위치가 장난이 아니다. 여기에서 전교생을 대상으로 한국의 풍수를 강의하면서 학교의 위치에 관해 설명하고 싶은 충동이 솟구쳤다. 산청고등학교에서 보이는 문필봉이 대진고속도로 위에서, 혹은 동의보감촌에서 보면 그 형태가 조금씩 달리 보인다. 보는 위치에 따라 그 기운의 강도도 달라짐을 느낀다. 문필봉은 사람을 넋이 나가도록 멈추게 하는 마력이 있다.

전국에 무수히 많은 문필봉을 만나보았지만, 기억에 남는 문필봉은 경남 산청군의 필봉산, 경남 사천시 곤명면 다솔사 봉명산, 전남 담양군의 삼인산, 경북 영양군의 주실마을, 강원도 고성군 왕곡마을 등이다. 만약 이러한 문필봉이 보이는 근처 마을에 공간이 있다면 연수원이나 공공도서관 등을 건립하여 지역 인재를 육성하는 쪽으로 활용하면 지역 발전의 활성화뿐만 아니라 우수 인재의 창출이라는 두 마리 토끼를 동시에 잡을 수 있으니 지자체장들은 한번 고심했으면 좋겠다.

대진고속도로 위에서 본 필봉산 문필봉

산청군 산청고등학교 정문에서 본 필봉산 문필봉

동의보감촌에서 본 필봉산 문필봉

사천시 곤명면 봉명산 문필동 군락

4. 행주형 지형

마을이나 도시들 가운데 배[舟] 모양을 한 지형을 행주형(行舟形)이라 한다. 행주형은 삼면이 강이나 개천으로 둘러싸인 것이 특징이다. 우리 선조들은 이런 지형을 두고 배가 떠나가는 모양으로 인식했다. 이런 지역은 대부분 내륙의 퇴적분지 지형에 자리 잡고 있다.

과거 농경사회일때 이런 지형에는 식수와 농업용수의 확보가 매우 용이했기 때문에 촌락이나 도시들이 자연스럽게 형성되었다. 그래서 배 모양의 행주형 지형은 사람과 재화가 풍부하게 모이는 좋은 장소로 여겨졌다.

행주형은 배 모양의 지형이므로 키, 돛대, 닻 세 가지가 함께 있으면 명당으로 치며, 세 가지 가운데 하나만 갖추어도 좋은 땅으로 여긴다. 따라서 이러한 것들을 연상시키는 자연물이 없으면 인위적으로 세워놓기도 한다. 이와 관련해서 재미있는 이야기가 전해온다.

옛날 청주지방에는 홍수가 빈번하여 백성들의 피해가 컸다. 어느 점술가가 큰 돛대를 세워 놓으면 이 지역이 배의 형상이 되어 재난을 면할 수 있다고 일러 주었다. 그 말을 들은 백성들은 돛대 구실을 하는 당간을 세웠다. 이후 홍수는 줄어들었다. 이때부터 청주를 주성(舟城)이라 불렀다. 이를테면 청주의 석당간은 바로 돛대를 상징하는 비보(裨補) 풍수물인 것이다.

용두사지 철당간(청주시 상당구), 국보 제41호

당간의 아래에서 3번째 단에 당기(幢記)가 양각되어 조성연도 (962년, 고려광종 13)와 제작의도를 명확히 알 수 있는 귀중한 문화재이다.

행주형 마을이나 도시와 관련해서 하나의 속설이 있다. 배에 구멍이 뚫리면 배가 침몰하듯, 마을에 우물을 파면 마을이 망한다는 설이다. 그래서 행주형 마을에서는 함부로 우물을 파는 것을 규제해 왔다고 한다. 우물을 파는 것은 곧 배밑을 뚫는 것이나 다름없어서 배 안에 고인 물인 샘물을 이용하도록 했다고 한다. 이런 풍수설화가 현대인들에게는 미신처럼 들리겠지만 조금만 깊이 생각해

안동 하회마을의 우물

보면 우리 선조들의 자연에 대한 지혜를 엿볼 수 있다.

행주형의 경우 삼면이 물로 둘러싸인 곳이기 때문에 땅이 사토질로 되어 있어 지반이 매우 약하다. 따라서 이런 곳에 샘을 파면 주변의 강물이 지하로 유입되어 지반 침하나 붕괴를 불러올 수 있다. 또한 이런 곳에 비가 오면 물이 탁해지는 경우가 있다. 따라서 이 물이 샘과 연결되면 수인성 전염병 우려가 있다. 옛사람들이 그런 땅의 성격을 파악하고 행주형에 빗대어서 경계한 것이다. 대단한 지혜가 아닐 수 없다. 편리함을 우선시하는 요즈음, 전통을 고수하고 지키겠다는 그 정신에 고개가 숙여진다.

우리나라에서 대표적인 행주형 마을은 안동 하회마을, 예천 의성포, 주요 도시로는 청주, 경주, 여주, 나주, 공주, 남원 등을 꼽을 수 있다.

부록

1. 문화재 개요

● 문화재의 뜻과 분류

문화재란 조상들이 남겨놓은 정신적, 물질적 유산으로써 역사적, 예술적 가치가 높아서 잘 보존해 후대에 물려줄 만한 것을 말한다. 우리나라는 1962년에 '문화재보호법'[88]을 제정하였다. 이 법에 따르면 문화재는 유형에 따라 유형문화재, 무형문화재, 기념물, 그리고 민속자료 등으로 나눌 수 있다.

유형문화재는 건축물, 전적, 서적, 고문서, 회화, 조각, 공예품 등 유형의 문화적 소산으로 역사적, 예술적 또는 학술 가치가 큰 것과 이에 준하는 고고(考古) 자료를 말한다.

무형문화재는 연극, 음악, 무용, 놀이, 의식, 공예기술 등 무형의 문화적 소산으로써 역사적, 예술적 또는 학술 가치가 큰 것을 말한다.

기념물은 절터, 옛 무덤, 조개 무덤, 성터, 궁터, 가마터, 유물포함층 등의 사적지와 특별히 기념될 만한 시설물로써 역사적, 학술 가치가 큰 것, 그리고 명승지로써 예술 가치가 크며, 동물(서식지, 번식지, 도래지 포함), 식물(자생지 포함), 지형, 지질, 광물, 동굴, 생물학적 생성물 또는 특별한 자연현상으로써 역사적, 경관적 또는 학술 가치가 큰 것을 말한다.

---

88 문화재보호법 : 문화재를 보존, 활용함으로써 국민의 문화적 향상을 도모하고 인류 문화의 발전에 기여하기 위하여 제정된 법률로서, 1962년 1월 10일 제정되어 1982년 12월 전문 개정되었으며, 전문 7장 94조로 편성되었다.

민속자료는 의식주, 생업, 신앙, 연중행사 등에 관한 풍속, 관습과 이에 사용되는 의복, 기구, 가옥 등으로 국민 생활의 변화를 이해하는데 필요한 것을 말한다.

❖ 중요도에 따라 분류한 문화재

	유형문화재		무형문화재	기념물			민속자료
국가지정	국보	보물	국가무형 문화재	사적	명승	천연기념물	국가 민속 문화재
시, 도 지정 문화재	지방유형문화재		지방무형 문화재	지방 기념물			지방 민속 문화재
문화재 자료	위에서 지정되지 아니한 문화재 중 향토문화 보존상 필요하다고 시, 도지사가 인정한 것						

❖ 국가 지정(등록) 문화재 명칭 (2020년 기준)

국가지정문화재	지정번호	현재 명칭	지정일
국보	제1호	서울 숭례문	1962. 12. 20
	제334호	기사계첩 및 함	2020. 12. 22
보물	제1호	서울 흥인지문	1963. 01. 21
	제2110호	고성 옥천사 영산회 괘불도 및 함	2021. 01. 05
사적	제1호	경주 포석정지	1963. 01. 23
	제560호	태안 안흥진성	2020. 11. 02
명승	제1호	명주 청학동 소금강	1970. 11. 23
	제118호	서울 성북동 별서	2020. 09. 02
천연기념물	제1호	대구 도동 측백나무 숲	1962. 12. 03
	제561호	포항 흥해향교 이팝나무 군락	2020. 12. 07
국가무형문화재	제1호	종묘제례악	1964. 12. 07
	제143호	인삼 재배와 약용문화	2020. 12. 01
국가민속문화재	제1호	덕온공주 당의	1964. 12. 07
	제299호	안동 영양 남씨 남흥재사	2020. 12. 21

유형문화재 중 역사, 학술, 예술, 기술적 가치가 큰 것을 보물로 지정한다. 그 가운데 특별히 뛰어난 것을 골라 지정한 문화재가 바로 국보이다.

국보는 건축물, 책, 문서, 회화, 조각, 공예품, 고고 자료 등 다양하다. 국보를 정할 때는 제작연대가 오래되고 시대를 대표하거나, 유례가 드물고 우수하며 특이하거나, 역사적 인물과 관련이 있는 것을 기준으로 삼고 있다. 공식적인 규정은 없지만, 문화재로서 가치가 있으려면 최소 50년 이상은 되어야 하고, 국보의 경우 100년은 지났어야 자격이 있다고 학계에서는 말하고 있다.

국보는 현재 숭례문을 포함해 331건, 보물은 흥인지문을 포함해 대략 2,070건이다. 우리 문화재를 국보로 지정하기 시작한 것은 1955년부터다. 앞서 1933년 일제가 '조선 보물, 고적, 명승, 천연기념물 보존령'을 발표하고, 보물, 고적 등을 지정하기 시작했으나 국보 호칭은 일본 문화재에만 적용했다. 국권을 잃은 조선은 국가가 아니어서 국보가 있을 수 없다는 이유였다. 당시 10년 동안 지정된 보물은 340건, 고적 101건, 천연기념물은 146건이었다. 그 가운데 남대문은 보물 1호였다. 8.15광복 후 정부는 일제가 지정한 보물 가운데 북한에 있는 것을 제외한 나머지 모두를 국보로 승격시켰다. 이후 1962년에 '문화재보호법'을 제정하면서 이들을 다시 국보와 보물로 나누었다. 이후 1995년엔 광복 50주년을 맞아 일제 지정 문화재에 대한 재평가가 이뤄졌다. 이듬해 재평가를 바탕으로 일부 문화재의 이름을 바꾸고 등급을 재조정했다. 이때 국보 1호인 남대문은 숭례문으로, 보물 1호인 동대문은 흥인지문으로 본래의 이름을 회복했다.

● 국보 자격을 박탈당한 문화재

1. 귀함별황자총통(龜艦別黃字銃筒) : 국보 제274호
   - **의미 :** 임진왜란 때 거북선에 장착된 조선 수군의 중화기
   - **사유 :** 위조품으로 판명
   - **지정 해제일 :** 1996년 8월 31일

2. 이형 좌명원종공신녹권 및 함 (李衡 佐命原從功臣錄券附函) : 국보 제278호
   - **의미 :** 조선 태종11년(1411), 이형에게 발급된 공신녹권과 녹권을 보관했던 함
   - **재지정 :** 국보 제278호에서 보물 제1657호로 재지정
   - **재지정일 :** 2010년 8월 25일

3. 백자동화매국문병 (白磁銅畵梅菊文瓶) : 국보 제168호
   - **의미 :** 붉은 안료인 진사를 사용하여 매화와 국화를 표현한 여말선초의 백자병
   - **사유 :** 우리나라와 연관성이 불분명하며, 희소성의 가치가 떨어지는 것으로 판명
   - **지정 해제일 :** 2020년 6월 23일

● 보물에서 국보로 승격된 문화재

번호	문화재 명칭	보물	국보로 승격	지정일
1	태안 마애삼존불	432호	307호	04. 08. 31
2	안동 봉정사 대웅전	55호	311호	09. 06. 30
3	경주 남산 칠불암 마애불상군	200호	312호	09. 09. 02
4	동의보감	1085호	319호	15. 06. 22
5	삼국사기 옥산서원본	52호	322-1호	18. 02. 22
6	삼국사기 성암고서 박물관	723호	322-2호	18. 02. 22
7	삼국유사 권1~2	1866호	306-3호	18. 02. 22
8	논산 관촉사 석조미륵보살입상	218호	323호	18. 04. 20
9	정선 정암사 수마노탑	410호	332호	20. 06. 25
10	삼국유사 권4~5 (범어사본)	419-3호	306-4호	20. 08. 27

위의 자료에서 보면 국보와 보물을 합쳐 2,400여 점이다. 언론 보도에 의하면 해외에 반출된 우리 문화재는 거의 170,000점에 이른다고 한다. 그 수에 비하면 우리가 지닌 문화재의 숫자는 초라하기 짝이 없다. 하지만 전 국토가 유린당하는 처참한 전쟁을 헤아릴 수 없이 겪었으며, 이 땅에 주인 없이 방황하던 시절이 근 100여 년 이상 지속된 과거의 역사를 고려했을 때 이들 문화재가 지금까지 이 땅에 남아있다는 사실이 고맙기 그지없다. 과거의 상처를 들추지 말자. 지금부터라도 더는 우리 문화재를 파괴하거나 방치하는 행위를 저지르면 안 되겠다. 더욱이 단 1점이라도 해외에 반출되는 불상사는 절대로 있어서는 더더욱 안 되겠다. 늦었지만 이제라도 문화민족이란 타이틀에 걸맞게 우리 국민도 문화를 보는 안목을 키워야 한다. 문화재 공부법이 필요한 이유이기도 하다.

2. 숭례문, 흥인지문이 국보 및 보물 1호가 된 사연

숭례문은 조선시대 한양도성을 둘러싸고 있던 성곽의 정문이다. 1395년(태조 4)에 짓기 시작하여 1398년(태조 7)에 완성했다. 현재 건물은 1448년(세종 30)에 고쳐 지은 것이다. 1961~1963년 해체 · 수리 때 나온 기록에 의해 1479년(성종 10)에도 큰 공사가 있었다는 사실이 밝혀졌다.

숭례문은 남쪽에 있다고 해서 남대문이라고 불렀다. 하지만 정남쪽에 있지 않은 것은 풍수적 생각 때문이었다. 즉, 북한산(백운대, 인수봉, 만경봉) − 경복궁 − 숭례문 − 관악산의 축선 상에 대문을 배치하다 보니 정남쪽에서 벗어나게 되었다. 그러나 숭례문의 대문을 관악산의 정면과 일치시킬 경우 관악산의 불기운이 한양도성에 바로 뻗치게 되므로 이를 방지하기 위하여 대문의 방향을 서쪽으로 틀어 놓았다. 숭례문의 대문이 바라보는 방향에는 오늘날 효창공원이 있다. 2008년 2월 10일 숭례문 방화화재로 누각 2층 지붕이 붕괴하고 1층 지붕도 일부 소실되는 등 큰 피해를 보았다. 이후 5년 2개월에 걸친 복구공사 끝에 2013년 5월 4일 준공되어 일반에 공개되고 있다.

동대문의 원래 명칭은 흥인문(興仁門)이다. 한양도성 계획의 일환으로 1398년(태조 7)에 완성했으나, 파괴되고 지금의 동대문은 1869년(고종 6)에 새로 지은 것이다. 이때 편액의 글씨에 갈 之(지) 자를 첨가해서 오늘날 흥인지문(興仁之門)으로 부르고 있다. 풍수에서는 之(지) 자를 용트림하는 풍수 글자로 자주 사용한다. 그래서 흥인지문(興仁之門)이라 명명한 것도 한양도성의 좌청룡 격인 동쪽의 허함을 풍수적으로 보충해주기 위해서 사용한 풍수 처방이다. 그리고 흥인지문은 다른 문과는 달리 옹성(甕城)이 있는 것이 특색이다. 옹성은 밖에서 성문이 보이지 않게 성문을 둘러싼 작은 성으로 적을 방어하고 지키기에 편리한 기능이 있다. 따라서 이곳에 옹성을 쌓은 이유도 갈 之(지) 자를 첨가한 것과 더불어 동대문 부근의 지형이 낮은 허함을 풍수적으로 보충해주기 위한 이중 장치라고 생각된다.

숭례문과 흥인지문을 국보 1호와 보물 1호로 분리해서 지정한 이유는 숭례문이 1398년 지어진 가장 오래된 도성 건축물로 절제와 균형미를 갖춘 반면, 흥인지문은 1869년 새로 지어지면서 너무 장식성을 강조해 미학적 가치가 떨어진다는 판단 때문이었다. 이것이 우리가 지금까지 알고 있는 숭례문과 흥인지문에 대한 보편적인 상식이었다. 그런데 최근 국보 1호 문화재를 바꾸자는 논란이 뜨겁게 달아오르고 있다. 하지만 그런 논란 이전에 왜 숭례문이 국보 제1호, 흥인지문이 보물 제1호가 되었는지에 관한 사연을 아는 한국인은 별로 없는 것 같아 소개하고자 한다.

국보 제1호 재지정 관련 설문조사 결과[89]

⊛ 재지정 반대
- 전문가
    1. 문화재 지정 번호는 단순한 순서이지 가치 척도의 우열이 아니다. (25%)
    2. 문화재에서 우열의 절대 기준은 없고 가치 판단은 시대에 따라 유동적이다. (7.5%)
    3. 국보 1호를 다시 지정하면 혼란이 발생한다. (7.5%)

- 일반 국민
    1. 남대문은 서울 성곽의 정문이며 역사성, 건축 예술적 가치가 크다. (38%)
    2. 이미 지정된 것을 바꿀 경우 혼란을 초래한다. (36.5%)
    3. 국보 1호는 지정 순서일 뿐 가치 순서가 아니다. (10.4%)

⊛ 재지정 찬성
- 전문가
    1. 남대문은 대표적 문화재로서 상징성이 약하다. (11.5%)
    2. 남대문보다 더 중요하고 역사성이 있는 문화재로 바꿔야 한다. (9.6%)
    3. 국보 1호는 국가를 대표하는 상징성이 있어야 한다. (9.6%)

- 일반 국민
    1. 남대문 국보 1호 지정은 일제강점기의 잔재다. (43.5%)
    2. 남대문은 국보 1호로서의 가치가 없다. (18.8%)
    3. 남대문보다 역사적 가치가 높은 문화재가 많다. (11.4%)

---

89 자료는 문화재관리국 (현 문화재청), 극동조사연구소, 설문년도는 1996년
   이광표, 『국보이야기』, 작은 박물관, 2005, pp25~28

일제강점기 시절, 조선총독부는 조선의 문화재를 조사하여 보물 및 고적 등으로 지정해서 1934년에 공포했다. 보물1호는 남대문, 보물2호는 동대문이었다. 지금과 달리 그 당시 '국보'가 없는 것은 '식민지에 무슨 국보가 있을 수 있느냐'는 논리였다. 그리고 사적(史蹟)이 아니라 고적(古蹟)인 것은 그저 오래된 유적이라는 그들의 우월감에서 나온 생각이기도 했다.

한 일본인 학자의 연구에 의하면,[90] 일제는 1905년 무렵 도시계획에 따른 교통 문제 장애 때문에 숭례문[남대문]을 파괴할 예정이었다. 당시 용산을 중심으로 40만~50만 명 수용의 대도시를 만들려던 일제는 당연히 대한제국의 수도 한성의 정문인 남대문을 철거하려 했다. 당시 조선군 사령관이던 하세가와 요시미치(長谷川好道, 2대 조선총독)는 이와 관련, "포차 왕래에도 지장이 생기니까 그런 낡아빠진 문은 파괴해 버려라"고 강력히 주장했다. 그러나 당시 한성신보 사장 및 일본인 거류민 단장인 나카이 기타로(中井喜太郎)는 "(임란 때) 가토 기요마사(加藤淸正)가 통과한 문이니 보존해야 한다"고 주장함으로써 하세가와의 허락을 받았다. 나카이는 그 대안으로 남대문 좌우로 확장 안을 냈고, 그 제안이 받아들여져 지금의 서울 성내~남대문~남대문 정거장을 연결하는 간선도로 형태가 이루어지게 된 것이다.

동대문 역시 임란 때 '고니시 유키나가(小西行長)가 입성했다'는 사연 때문에 목숨을 건졌다. 결국 남대문과 동대문은 '일본의 전승 기념물'로 살아남은 경우였다. 반면 일본과 아무런 인연이 없던 서대문[돈의문]은 1915년 속절없이 철거되고 말았다.

---

90 오타 하데 하루(太田秀春) : 근대 한일 양국의 성곽인식과 일본의 조선 식민지 지배정책, 한국사론 49집, 2002

8.15광복 뒤 정부는 일제가 지정한 보물 가운데 북한에 있는 것을 제외한 나머지 모두를 국보로 승격시켰다. 이후 1962년에 '문화재보호법'을 제정하면서 이들을 다시 국보와 보물로 나누었다. 이후 1995년엔 광복 50주년을 맞아 일제 지정 문화재에 대한 재평가가 이뤄졌다. 이듬해 재평가를 바탕으로 일부 문화재의 이름을 바꾸고 등급을 재조정했다. 이때 국보 1호인 남대문은 숭례문으로, 보물 1호인 동대문은 흥인지문으로 본래의 이름을 회복했다.

❖ **조선총독부 고시 보물, 고적 목록** (1934년 8월 27일 조선총독부 고시 제430호)

번호	보물(지정 당시 명칭)	고적(지정당시 명칭)
1	경성 남대문	경주 포석정지
2	경성 동대문	김해 회현리 패총
3	경성 보신각종	
4	원각사지 다층석탑	
5	원각사비	

❖ **대한민국 국보, 보물 그리고 사적 목록** (2020년)

번호	국보	보물	사적
1	서울 숭례문	서울 흥인지문	경주 포석정지
2	원각사지 10층석탑	서울 보신각종	김해 봉황동 유적
3	북한산 진흥왕 순수비	대원각사비	수원화성

아무리 1호, 2호 등 숫자가 유물의 가치와는 관계가 없다고 하지만, 조선총독부가 전승 기념물로 지정한 국보 1호를 오늘날 아무런 비판 없이 대한민국 국보 1호로 사용하는 것에는 문제가 있다. 독자 여러분의 생각은 어떤지 궁금하다.

3. 경주 포석정을 고적 제1호로 지정한 일본의 의도[91]

붕어빵에 붕어가 없듯이 포석정에 가면 포석정이란 정자가 없다. 다만, 입장료 2,000원을 내고 들어가 보면 흐르는 물 위에 술잔을 띄우고 시를 짓는다는 '유상곡수' 터의 흔적만 남아 있다. 일본인이 바라 본 포석정은 신라 55대 임금 경애왕이 왕비와 궁녀들과 함께 이곳 전복 모양의 물길 위에 술잔을 띄워놓고 잔치를 벌이고 놀다가 후백제 견훤 군대의 침입을 받고 피습된 장소라는 것이다. 결국, 이곳은 신라 멸망의 상징이란 오명만 덮어쓴 채 커다란 느티나무와 함께 그 자리를 지키고 있다. 이것이 오늘날 우리가 진실이라고 믿고 있는 포석정에 얽힌 이야기다.

1934년 조선총독부는 조선의 문화재를 조사하여 보물, 고적 등으로 지정했다. 보물 1호는 남대문, 보물 2호는 동대문이었다. 그리고 경주 포석정을 고적 1호로 지정했다. 사적이 아니라 고적인 것은 그저 오래된 유적이라는 뜻이다. 그렇다면 왜 포석정은 고적 1호가 되었을까?

'적이 쳐들어와 경주가 함락하기 직전임에도 불구하고 신라의 경애왕은 궁녀들을 데리고 포석정에서 술 마시고 놀다가 결국 죽임을 당했다. 그러니까 너희 조선인들은 나라가 함락 직전임에도 불구하고 임금이 주연에 빠진 민족이니 국가를 운영할 자질이 부족하다. 그러니 식민지로 살 수밖에 없지 않느냐' 라는 패배 의식과 열등감을 심어주기 위해 고도의 심리전을 편 계략이 포석정 고적 1호에 숨겨진 비밀이었다. 그런데 그 빌미를 제공한 것은 다름 아닌 삼국사기(三國史記)였다. 저자 김부식은 집필 과

---

91 조선 Premium 칼럼, 조훈철의 문화재 이야기, 2015

정에서 고려 건국의 정당성을 주장하기 위해 신라의 멸망을 당연시하는 표현을 사용했다. 특히 '경애왕 편'을 언급할 때 '유포석정(遊鮑石亭)'이란 단어를 사용했는데, 이때 사용된 '유(遊)'자를 '놀러 갔다'라고 번역을 한 결과, 포석정은 오늘날까지 술을 마시고 잔치를 벌이는 놀이터로 둔갑이 되어 전해 내려오게 된 것이다. 사실 그 문장 앞에 나오는 927년 음력 11월 겨울철이란 문구를 조금만 신중하게 생각했다면, 한겨울 어느 정신 나간 임금이 야외에서 잔치를 벌이고 있었겠는지 유추해 볼 수 있을 것이다. 같은 글자 '유(遊)'자가 삼국유사(三國遺事)에도 등장한다. 경덕왕이 백률사를 행차하는 것을 '유백률사(遊百栗寺)'로 표현하고 있는데, 이때 '유(遊)'자는 '가다'의 의미이다. 무심코 지나칠 수 있는 글자 한 자의 의미를 확대 해석하여 식민사관의 실마리를 만들어내는 일본인들의 저의에 새삼 소름이 끼칠 지경이다.

오늘날 연구 결과에 의하면, 포석정은 남산 서쪽 자락에 있는 신라인의 성소(聖所)로서 국가적 행사나 제사 의식을 행하는 장소였다. 주변 1km 이내 신라의 시조 박혁거세의 탄생지인 나정이 있고, 박(朴)씨 왕들의 무덤인 오릉이 그 일대에 있다는 사실만 보아도 알 수가 있다. 결과적으로 나라가 위기에 처했을 때 경애왕은 박씨 조상들을 찾아가 간절한 기도로 국가를 위기에서 벗어나게 하려고 노력했던 장소가 바로 포석정이다.

한편, 포석정을 생각할 때 절대 간과해서는 안 될 유적이 있다. 바로 '유상곡수' 터다. 원래 중국에서 유래한 유상곡수는 시를 읊으며 연회를 베풀기 위해 흐르는 자연수를 흐르도록 만든 조형물이다. 포석정이 위대한 이유는 인공적으로 자연수의 원리를 재창조했다는 데 있다. 이는 자연현상에 대한 지속적인 관찰과 분석의 결과이다. 물길을 따라 물이 한 바퀴 도는 데에는 1~2분이면 충분하다. 그러나 신라인들은 시 한 수를 짓기 위해서는 최소한 5~6분의 시간이 필요했다. 이를 위해 의도적으로 와류(회돌이 현상)를 일으키도록 구조물을 변경시켜 인공적으로 자연현상인 것처럼 만든 것이다. 이는 중국에서도, 일본에서도 볼 수 없는 우리만의 독창적인 발명품이다. 오늘날 사적 1호인 포석정은 보물이나 국보로 승격시킬 수 있는 실마리가 될 수 있는 신라인의 독창성과 과학성이 돋보이는 유적이다.

경주 포석정, 포석정 물길의 정교한 굴곡면

그런데 한 가지 의문이 생긴다. 성소로서 제례의식을 행하는 장소에 유상곡수연을 펼치는 신라인의 생각은 과연 무엇이었을까? 지혜로운 우리 후배 학자들이 풀어야 할 과제임이 분명하다. 광복 70주년, 단순히 햇수만 70년이 흘러온 것이 아니라 생각도 식민사관에서 완전히 벗어났음을 '포석정' 문화유적의 안내문과 홍보에서 한번 시도해보는 것은 어떨까?

4. 한국이 보유한 유네스코 등재유산 현황 (2020년 12월 현재)

(1) 세계 문화유산 및 자연유산

구분		대상	등재년도	비고
세계유산	문화유산	석굴암 불국사	1995	총 14점
		해인사 장경판전		
		종묘		
		창덕궁	1997	
		수원화성		
		경주역사유적지구	2000	
		고창, 화순, 강화 고인돌 유적		
		조선왕릉	2009	
		한국의 역사마을 : 하회, 양동	2010	
		남한산성	2014	
		백제역사유적지구	2015	
		산사, 한국의 산지 승원 : 통도사 외 6곳	2018	
		한국의 서원 : 소수서원 외 8곳	2019	
	자연유산	제주 화산섬과 용암동굴	2007	

석굴암 불국사

① 석굴암 (국보 제24호)

② 불국사 (사적 제502호)

- 국보 6점 (다보탑, 석가탑, 연화교와 칠보교 외)
- 보물 6점 (대웅전, 가구식 석축 외)
- 경상북도 유형문화재 1점 (당간지주)

해인사 장경판전

① 판전의 뜻
- 불교, 유교의 경전 또는 목판을 보존하는 건물을 부르는 일반 명칭
- 특히, 팔만대장경을 보관한 판전을 장경판전이라 부름

② 장경판전의 구조
- 수다라장 + 법보전 + 동서사간전 (총 4동으로 구성)

③ 과학적 설계
- 건물 위치 및 좌향 : 가야산 중턱 655m + 서남향
- 수다라장, 법보전 창문 크기의 변화 : 上小下大 (앞면), 下小上大 (뒷면)
- 판전 내부의 바닥 : 숯 + 횟가루 + 소금 + 모래
  ⇨ 습도 조절 및 해충의 침입 방지

대상	매수	가치	제작기관	보관장소	등재년도
해인사 대장경판	81,258판	국보32호	대장도감	수다라장+법보전	
고려각판	2,725판	국보206호	사찰, 지방관청	동서 사간판전	2007년
	110판	보물734호			

경주역사유적지구 (총52점)

① 남산지구(사적 제311호) ⇨ 불교미술의 보고 (총37점)
- 국보 1점 (남산 칠불암 마애석불)
- 보물 12점 (배리 석불입상, 용장사곡 3층석탑 외)
- 사적 11점 (포석정지, 서출지, 나정 외)
- 지방 유형문화재 11점 (남산 삼릉계곡 마애관음보살상, 보리사 마애석불 외)
- 지방 문화재자료 2점 (남산동 석조감실, 남간사지 석정)

② 월성지구 ⇨ 천년 왕국의 궁궐터
- 국보 1점 (경주 첨성대)
- 사적 3점 (월성, 임해전지, 경주 계림)
- 사적 및 명승 (내물왕릉, 계림, 월성지대)

③ 대릉원지구 ⇨ 신라 초기 왕들의 능
  • 사적 7점 (신라 오릉, 신라 미추왕릉, 황남리 고분군, 재매정 외)

④ 황룡사지구 ⇨ 신라불교의 중심지
  • 국보 1점 (분황사 모전석탑)
  • 사적 1점 (황룡사지)

⑤ 산성지구 ⇨ 고대 신라의 방위시설 중 핵심
  • 사적 1점 (명활산성)

고창, 화순, 강화 고인돌유적

① 고창 고인돌유적
  • 사적 1점 (고창 지석묘군)
② 화순 고인돌유적
  • 사적 1점 (화순 효산리 및 대신리 지석묘군)
③ 강화 고인돌유적
  • 사적 1점 (강화 지석묘)
  • 인천광역시 기념물 8점 (강화 오상리 고인돌군, 강화 대산리 고인돌 외)

조선왕릉 (총40기)

① 조선왕릉의 분포 (경기도)

지역	구리시	고양시	남양주시	파주시	여주시	화성시	양주시	김포시	비고
능호	동구릉	서오릉 서삼릉	광릉 사릉 홍유릉	파주삼릉 파주장릉	영녕릉	융건릉	온릉	김포 장릉	
숫자	9	8	4	4	2	2	1	1	31

② 조선왕릉의 분포 (서울, 강원도)

지역	성북구	서초구	강남구	노원구	성북구	영월군	비고
능호	정릉	헌인릉	선정릉	태강릉	의릉	영월장릉	
숫자	1	2	2	2	1	1	9

백제역사유적지구 (총8점)

① 공주 ⇨ 백제, 다시 강국이 되다
- 사적 2점 (공산성, 송산리 고분군)

② 부여 ⇨ 700년 대백제의 꿈
- 사적 4점 (관북리 유적과 부소산성, 능산리 고분군, 나성, 정림사지)
  cf) 정림사지 5층석탑 (국보 제9호)

③ 익산 ⇨ 백제인들이 꿈꾼 미래
- 사적 2점 (미륵사지, 왕궁리 유적)
  cf) 익산 미륵사지석탑 (국보 제11호), 익산 왕궁리 5층석탑 (국보 제289호)

산사, 한국의 산지 승원

사찰명	창건년도 / 창건주	지역	소 속
통도사	646년 자장율사	경남 양산	대한불교조계종 영축총림 / 영축산 통도사
봉정사	672년 능인대사	경북 안동	대한불교조계종 / 천등산 봉정사
부석사	676년 의상대사	경북 영주	대한불교조계종 해동화엄종찰 / 태백산 부석사
법주사	553년 진표율사	충북 보은	대한불교조계종 / 속리산 법주사
마곡사	640년 자장율사	충남 공주	대한불교조계종 제6교구본사 / 태화산 마곡사
선암사	527년 아도화상	전남 순천	대한불교태고종 태고총림 / 조계산 선암사
대흥사	544년 아도화상	전남 해남	대한불교조계종 제22교구본사 / 두륜산 대흥사

한국의 서원

서원명	창건년도	지역	배향 인물	비고
소수서원	1543년	경북 영주	안향	하버드大 1636년 설립
남계서원	1552년	경남 함양	정여창	
옥산서원	1572년	경북 경주	이언적	
도산서원	1574년	경북 안동	이황	
필암서원	1590년	전남 장성	김인후	
도동서원	1605년	대구광역시	김굉필	
병산서원	1613년	경북 안동	류성룡	
무성서원	1615년	전북 정읍	최치원	
돈암서원	1634년	충남 논산	김장생	

(2) 세계기록유산

구분	대상	등재년도	비고
세계기록유산 세계 4위 아시아 1위	훈민정음	1997	총 16점
	조선왕조실록		
	직지심체요절	2001	
	승정원일기		
	조선왕조의궤	2007	
	해인사고려대장경판 및 재경판		
	동의보감	2009	
	일성록	2011	
	5.18 민주화운동 기록물		
	난중일기	2013	
	새마을운동 기록물		
	한국의 유교책판	2015	
	KBS 특별생방송 : 이산가족을 찾습니다		
	조선왕실 어보와 어책	2017	
	국채보상운동 기록물		
	조선통신사 기록물		

(3) 인류무형문화유산

구분	대상	등재년도	비고
인류무형문화유산	종묘제례 및 종묘제례악	2001	총 21점
	판소리	2003	
	강릉 단오제	2005	
	강강술래	2009	
	남사당 놀이		
	영산재		
	제주 칠머리당영등굿		
	처용무		
	가곡	2010	
	대목장		
	매사냥		
	줄타기	2011	
	택견		
	한산모시짜기		
	아리랑	2012	
	김장문화	2013	
	농악	2014	
	줄다리기	2015	
	제주해녀문화	2016	
	씨름	2018	
	연등회	2020	

| 문화재 공부 참고도서 |

『삼국사기』
『삼국유사』
『조선왕조실록』
『조선왕조의궤』
『징비록』

권중서, 『불교미술의 해학』, 불광출판사, 2010

김동욱, 『도산서당』, 돌베개, 2012

김봉렬, 『시대를 담는 그릇』, 이상건축, 1999

_____, 『앎과 삶의 공간』, 이상건축, 1999

_____, 『이 땅에 새겨진 정신』, 이상건축, 1999

김준혁, 『화성』, 더봄, 2017

김현준, 『사찰 그 속에 깃든 의미』, 교보문고, 1993

목경찬, 『사찰 어느 것도 그냥 있는 것이 아니다』, 조계종출판사, 2008

_____, 『들을수록 신기한 사찰이야기』, 조계종출판사, 2011

박상진, 『궁궐의 우리나무』, 눌와, 2002

_____, 『역사가 새겨진 나무이야기』, 김영사, 2005

_____, 『나무에 새겨진 팔만대장경의 비밀』, 김영사, 2009

박창범, 『한국의 전통과학 천문학』, 이화여자대학교출판부, 2007

백유선, 『우리 불교 문화유산 읽기』, 두리미디어, 2004

오주석, 『한국의 미 특강』, 솔, 2006

_____, 『옛 그림 읽기의 즐거움』, 솔, 2005

유길상, 『세종로의 비밀』, 중앙북스(주), 2007

유홍준, 『나의 문화유산답사기』(1~6), 창작과 비평사, 1994

윤상철, 『세종대왕이 만난 우리별자리』 1,2,3권, 대유학당, 2011

이광표, 『국보이야기』, 작은 박물관, 2005

이상해, 『궁궐 유교건축』, 솔, 2004

이종호, 『과학이 있는 우리 문화유산』, (주)북21 컬쳐라인, 2001

이현군, 『옛 지도를 들고 서울을 간다』, 청어람미디어, 2009

이충렬, 『간송 전형필』, 김영사, 2010

장영훈, 『궁궐을 제대로 보려면 왕이 되어라』, 도서출판 담디, 2005

_____, 『왕릉이야말로 조선의 산 역사다』, 도서출판 담디, 2005

_____, 『조선시대의 명문사학 서원을 가다』, 도서출판 담디, 2005

_____, 『서울풍수』, 도서출판 담디, 2005

_____, 『산나고 탑나고 절나고』, 도서출판 담디, 2007

조용진, 『동양화 읽는 법』, 집문당, 1995

최동군, 『나도 문화해설사가 될 수 있다』 (궁궐, 사찰, 능묘편), 담디, 2012

최순우, 『무량수전 배흘림기둥에 기대서서』, 학고재, 1996

최종덕, 『창덕궁』, 눌와, 2009

최준식, 『세계가 높이 산 한국의 문기』, 소나무, 2007

_____, 『서울문화순례』, 소나무, 2009

한영우, 『조선의 집 동궐에 들다』, 열화당, 2006

허 균, 『한국의 정원 – 선비가 거닐던 세계』, 다른세상, 2003

_____, 『사료와 함께 새로 보는 경복궁』, 한림미디어, 2005

_____, 『사찰장식, 돌베개』, 2005

_____, 『궁궐장식, 돌베개』, 2011

홍순민, 『우리 궁궐 이야기』, 청년사, 1999

문화재 공부법

초판 발행 **2015년 8월 15일**
개정판 발행 **2021년 3월 05일**
개정판 2쇄 **2021년 6월 07일**

지은이 조 훈 철

발행인 이 주 현

발행처 도서출판 해조음

등 록 2002. 3. 15. 제 2-3500호
　　　　서울시 중구 필동로1길 14-6 리엔리하우스 203호
　　　　전화 (02)2279-2343
　　　　전송 (02)2279-2406
　　　　메일 haejoum@naver.com

값 20,000 원

ISBN 979-11-91515-00-8　03910